大数据环境下图书馆资源管理及其信息化建设

邢心菊 吕 英 陈 磊 ◎ 著

吉林文史出版社

图书在版编目（CIP）数据

大数据环境下图书馆资源管理及其信息化建设 / 邢
心菊，吕英，陈磊著. -- 长春：吉林文史出版社，2022.9
　ISBN 978-7-5472-8783-5

　Ⅰ．①大… Ⅱ．①邢… ②吕… ③陈… Ⅲ．①图书馆
管理－资源管理－研究②图书馆管理－信息化建设－研究
　Ⅳ．①G251②G250.71

中国版本图书馆 CIP 数据核字(2022)第 165113 号

DASHUJU HUANJINGXIA TUSHUGUAN ZIYUAN GUANLI JI QI XINXIHUA JIANSHE

书　　名　大数据环境下图书馆资源管理及其信息化建设
作　　者　邢心菊　吕　英　陈　磊
责任编辑　陈　昊
出版发行　吉林文史出版社有限责任公司
地　　址　长春市福祉大路 5788号
印　　刷　北京四海锦诚印刷技术有限公司
开　　本　185mm×260mm 1/16
印　　张　10
字　　数　223 千字
版　　次　2023年 7 月第 1 版　2023年 7 月第 1 次印刷
定　　价　52.00 元
I S B N　978-7-5472-8783-5

前　言

随着计算机技术与网络技术等的快速发展，大数据已深入到社会生活和生产的方方面面。在大数据背景下，各行业、各领域的发展都发生了明显变化，其中图书馆的变化尤为显著。图书馆是知识的宝库、知识传播的窗口，是广大学者进行科学研究的有效工具。图书馆作为人们获取知识的重要途径之一，在各种文化和科研机构中发挥了重要作用。因此，面对大数据发展所带来的挑战，采用怎样的方式实现图书馆的信息化建设，逐渐成为相关人员需要考虑的重点问题。

鉴于此，笔者撰写了《大数据环境下图书馆资源管理及其信息化建设》一书。全书共六章，分别为图书馆资源管理概述、大数据推动图书馆发展的思考、大数据环境下图书馆资源管理多元化、大数据环境下图书馆信息化建设理论透视、大数据环境下图书馆信息化建设现状及路径、大数据环境下图书馆建设创新与信息化服务。

本书既有图书馆资源管理的相关知识，又有大数据环境下图书馆资源管理的相关内容，还有大数据环境下图书馆信息化建设的相关策略。全书概念清楚、理论简明、方法丰富，突出实践导向、能力提升，具有较强的启迪性、示范性、引导性、实用性，可以帮助指导读者学习掌握图书馆资源管理与信息化建设的基本理论。

笔者在撰写本书的过程中，得到了许多专家学者的帮助和指导，在此表示诚挚的谢意。由于笔者水平有限，加之时间仓促，书中所涉及的内容难免有疏漏之处，希望各位读者多提宝贵意见，以便笔者进一步修改，使之更加完善。

目　录

第一章　图书馆资源管理概述

第一节　图书馆认知

一、图书馆的内涵及其重要性

（一）图书馆的内涵

图书馆是我们生活中十分常见的一项基本设施，尤其是在大城市和高校，都会有对外开放的图书馆，它与我们的生活息息相关。图书馆是收集、整理、收藏图书资料以供人们阅览、参考的机构，有保存人类文化遗产、开发信息资源、参与社会教育等职能，公元前三千年就已经出现了世界上最早的图书馆。"图书馆"是一个外来语，于 19 世纪末从日本传到我国。这种形式的图书馆是传统图书馆，在过去很长一段时间内对社会的发展起到了重要作用。但是时代在进步、社会在发展，科学技术得到了跨越式发展，传统图书馆的功能不断削弱，高科技的介入又衍生了新概念的图书馆。电子图书馆和数字图书馆就是其中的突出代表。

电子图书馆，里面收藏的不是一本本纸质图书，而是以电子形式储存、检索文献信息，从而为公众提供服务的图书馆。

数字图书馆是一门全新的科学技术，也是一项全新的社会事业。简言之，数字图书馆是一种拥有多种媒体内容的数字化信息资源，能够为用户提供方便、快捷、高水平的信息化服务机制。数字图书馆并不是实体图书馆，这种形式的图书馆对应于各种公共信息管理与传播的现实社会活动，通常会表现为各种新型信息资源组织和信息传播服务。它借鉴图书馆的资源组织模式，借助计算机网络通信等高新技术，以普遍存取人类知识为目标，创造性地运用知识分类和精准检索手段，有效地进行信息整序，使人们获取信息消费不受空间限制，在很大程度上也不受时间限制。

"现代的图书馆是采集与撷取记录在各种媒体上的资讯知识，经过组织、整合与传播，提供自由利用和不限时间地点的资讯检索服务，以引导与便利人们学习研究、交流经验，进而激发创造人类新知文化，调适民众生活的机构。"[①] 但传统图书馆与现代图书馆的本质是一样的，它们的出现和发展都是为了向阅读者提供服务，二者之间的差距只表现在

---

① 王振鹄：《现代图书馆的概念与认知》，载《图书馆学研究》2003年第4期，第5页。

时代的局限性、技术的差异性上，它们在表现形式上有所不同，但同样都为我们的阅读、学习工作提供了巨大的帮助。

（二）图书馆的重要性分析

文化是一个人、一个民族乃至一个国家的精神支柱。在我国五千多年的历史发展长河中，创造出了博大精深、享誉世界的中华文化，为中华民族的振兴提供了强大精神力量，同时也为整个人类文明的进步做出不可磨灭的贡献。进入新世纪，文化已成为一个国家综合国力的重要考量。国与国之间的竞争、人与人之间的交往，越来越表现为相互间文化的碰撞与交流，加强文化建设已经成为大势所趋。所以加快文化建设、丰富文化内容以及提升文化品位已不仅是小众要求，而是全社会所追求的必然趋势。作为社会公益性的文化服务机构，图书馆是文化建设的一个重要组成部分，其收藏的文献资料具有种类齐全、覆盖面广、形式多样等特点，可以满足社会上不同人群对信息的不同需求。图书馆对个人文化素质的构建、社会文化事业的构建以及个人自身文化素质的构建正起着日益重要的作用。

上到传承千年的人文经典，下到当今社会瞬息万变的资讯以及学科高精尖的专业技术，在图书馆你都可以获取自身所需的信息，这就是图书馆的功能价值。每个人对共享社会的信息资源都有平等的机会，都有权利享受图书馆的服务。在这里，无论知识的载体形态如何千变万化，图书馆都可以作为一个储存与传播的平台，将无形的知识与文明传承。作为社会信息汇集共享的中心，图书馆自然而然地引领社会文化的走向，并担负引导社会核心价值观念的责任。图书馆将这些精神财富继承下来并对其进行广泛传播。

随着社会发展，人们对文化知识越来越渴求，接受再次教育的期盼日益强烈。图书馆作为公共文化服务机构，具有很强的社会宣传教育功能。它通过丰富的馆藏和各种媒介，传播先进的思想、道德、科学技术和文化知识，在帮助群众提高自身素质，促进全民学习等方面都发挥着重要的作用。在这里学习不受时间、空间、年龄和文化层次的限制，深受广大群众的喜爱。图书馆以其公益性、便利性和广泛性受到了广大人民群众的欢迎。图书馆通过基础设施的改善，阅读、文艺表演等各类活动的开展，丰富了人们日常生活，满足了人们对精神食粮的需要，让人们普遍均等地享有公共图书馆服务和阅读权益。这对文化事业推广、科学知识传播等方面的发展起到了积极促进作用。

二、图书馆的作用分析

（一）宏观作用分析

1.保存人类文化遗产。图书馆的一项重要职责就是保存人类发展过程中产生的各种文明，也就是保存人类文化遗产，而这也是图书馆产生的根本原因。因为有了图书馆这一机构，人类社会实践所取得的经验、文化、知识才得以系统保存并流传下来，成为今天宝贵的文化遗产和精神财富。

2.开展社会教育。随着资本主义大工业的产生与发展，社会对工人的要求也产生了一定变化，要求他们要具备更多的劳动知识和劳动技能，图书馆从而真正走入平民百姓当中，担负起了对工人的科学知识文化教育的任务。现代社会，图书馆成为继续教育、终身教育的基地，担负了更多的教育职能。

3.传递科学信息。对于现代图书馆而言，一项重要的职能就是传递科学情报。图书馆丰富、系统、全面的图书信息资料，成为图书馆从事科学情报传递工作的物质条件。在信息社会，图书馆的科学情报功能将得到加强。

4.开发智力资源。图书馆收藏的图书资料，是人类长期积累的智力资源，图书馆可以对这些资源的加工、处理。同时，图书馆将这些图书资料提供利用，开发图书馆用户的脑力资源。换言之，图书馆承担着人才培养的职能。

5.提供文化娱乐。图书馆是社会中的文化基础设施，同时也是文化教育机构。随着社会进步，人民群众的生活水平日益提高，为了满足他们提出的更多要求，图书馆为其提供了文化娱乐功能，满足了社会对文化娱乐的需要，丰富和活跃了人民群众的文化生活，在精神文明建设当中，起到了不可磨灭的作用。

（二）微观作用分析

1.文献收集。在图书馆工作中，最基础的工作也是最基本的功能就是文献收集。图书馆馆员首先要明确本馆的收藏原则、收藏范围、收藏重点和采选标准，了解本馆馆藏情况、文献的种类与复本数、各类藏书的利用率和使用寿命、哪些书刊可剔除、哪些书刊要补缺等，此外还须掌握出版发行动态。然后以采购、交换和复制等各种方式补充馆藏。

2.文献整理。文献整理是图书馆更好地管理图书、更好地提供服务的基础，包括文献分类、主题标引、著录和目录组织等内容。文献分类不仅为编制分类目录和文献排架提供依据，也便于图书馆统计、新书宣传、参考咨询和文献检索等。文献主题标引根据文献内容所讨论的主题范围，以主题词来揭示和组织文献。文献分类和主题标引是揭示文献内容的重要手段，文献著录则是全面地、详尽地揭示文献形式特征和内容特征的主要手段，它便于读者依据该文献的各种特征确认某种文献，获得所需文献的线索。图书馆馆员把各种款目有序地编制成图书馆目录以揭示图书馆馆藏。图书馆目录是检索文献的工具，也是打开图书馆这个知识宝库的钥匙。

3.文献典藏。在图书馆微观功能中，文献典藏具有重要作用，主要包括书库划分、图书排列、馆藏清点和文献保护等。其中，文献保护是一项专门技术，包括图书装订、修补、防火、防潮、防光、防霉和防虫及防止机械性损伤等。

4.图书馆服务。图书馆服务工作是一项开发利用图书馆资源的工作。它包括发展读者（如发放借书证）、读者研究、文献流通和推广服务（包括文献外借、阅览服务、文献复制服务、馆际互借、流动图书馆服务等）、馆藏报道、阅读辅导、参考咨询和文献检索、读者教育等。

三、图书馆的社会价值与功能

(一)图书馆的社会价值

图书馆是为人类学习文化准备的,是社会分工不可或缺的重要组成部分。图书馆工作的社会价值,就在于真正实现图书馆藏书的价值,而实现藏书价值的途径就是为读者服务。否则藏书再多、再好,也是没有意义的。图书馆的社会价值体现在以下方面。

1.图书馆是进行学习的重要场所

图书馆拥有的文献信息资源十分丰富,内容涵盖古今中外和各学科门类,载体形式多样,服务手段多样,是取之不尽、用之不竭的知识宝库。图书馆是学习的好场所,它有着安静的环境、宽敞的馆舍、浓厚的学习风气,营造了一种强烈的文化氛围,能给学习者提供良好的学习环境,无论何时何地,图书馆都是人类接受教育的理想殿堂。图书馆以公益性服务为基本原则,以实现和保障公民基本阅读权利为天职,以读者需求为一切工作的出发点。在对外开放不断扩大、信息网络技术迅猛发展、社会主流意识形态受到严峻挑战的时期,图书馆对先进文化的倡导作用更为重要。它通过对文献信息的收集、整理、开发、利用来宣传党的方针政策、国家的法律法规和科学真理,发掘、阐述、转化、继承和发扬积极向上的文化成果,牢牢把握先进文化前进的方向,推动先进文化的传播。

2.图书馆是精神文明建设的重要阵地

在信息领域,图书馆始终发挥着重要作用,它以文献信息的管理与利用为主,在信息工作领域占有文献信息的汇聚与交流中心的重要地位,图书馆的存在及其职能作用的有效发挥,使人类精神文明的发展有了可靠的保证。正是人们自觉利用和依赖图书馆阅读信息的行为,营造出了良好的社会文化氛围,推动了人类精神文明不断向前发展。

3.图书馆是查询、管理信息的重要部门

在整个社会中,图书馆承担收集、加工和管理文献信息资源的重要职责,是十分重要的社会部门。信息技术和网络技术的飞速发展,拓展了图书馆的信息收藏。图书馆的收藏形式日益丰富,由收藏单一的印刷型文献资料,逐渐发展为收藏多媒体电子出版物、光盘数据库、网络信息等多种信息存储形式的完整的信息系统。图书馆肩负着信息资源建设的重任,一方面要丰富本馆特色资源,把馆藏信息数字化;另一方面还要对网络信息进行有效的规范管理,对有害信息、虚假信息和垃圾信息进行筛选过滤,对读者需求的信息进行分类、归纳,并将结果通过网络反馈给读者。

4.图书馆是为社会服务的公益机构

社会公益性是图书馆的基本特征，从图书馆出现时就具有这一属性，这主要体现在图书馆无偿地为广大读者服务上。图书馆向读者提供平等的服务，各级各类图书馆共同构成图书馆体系，保障全体社会成员普遍均等地享有图书馆服务。知识一旦生产出来，几乎无须增加任何成本就可供全人类共享，不会因为使用而消耗减少。图书馆虽然不是知识的生产者，但其收藏知识的特征不变。知识一旦为图书馆所收集、加工、保存，同样几乎无须任何附加费用就可以向所有人提供。无论贫富贵贱，无论是大学教授还是平凡的打工者，来自社会各个阶层的人都能平等地获取图书馆资源。

5.图书馆是体现人文关怀的场所

图书馆尽可能地为全体社会成员提供服务，尽可能消除弱势群体利用图书馆的困难，为全体社会成员提供人性化、便利化的服务。随着社会发展，越来越多的农村务工者涌入城市，该类读者的社会来源广、构成复杂、个体差异很大，对知识有不同程度的渴求。指导他们正确地使用图书馆，不但能提高他们的自身素质，而且对于社会的安定和谐也能起到关键作用。

（二）图书馆的社会功能——素质教育

1.图书馆在素质教育中的作用

（1）图书馆的育人优势。图书馆是知识的宝库、智慧的源泉，是开展全面素质教育的重要场所。图书馆利用其收藏的图书文献资源可以有效地帮助人们在专业领域中迅速提高，同时在人们利用图书馆的过程中可以拓宽知识面，弥补专业面过窄的不足。在学习中，全体社会成员可以根据自身的需要，对各种馆藏文献资源进行筛选处理，可以培养和提高利用图书馆的能力与自学能力，并能形成独立收集资料和进行情报检索的能力。因此，图书馆以丰富的馆藏文献促进素质教育职能发展，是它的特殊性，也是它的优势所在。

（2）图书馆的育人形式。图书馆教育不会受到时空的约束与限制，它以适当引导下的自我调理作为原则，不要求统一，而强调个性的培养，运用特定环境里的特有氛围对全体社会成员进行熏染和陶冶，使他们在图书馆知识的海洋里自由进出。

（3）引导人们正确利用图书馆。教育是人才的基础，是社会的根本。图书馆必须切实发挥起它应有的职能和作用。随着科技和社会发展的日新月异，图书馆不应局限于传统的工作方式，而要充分发挥自身优势，变被动为主动，通过多方位、多渠道的教学方式开展素质教育，努力营造自主、积极向上的学习氛围，使人们在学到知识的同时，养成良好的学习习惯，掌握分析问题、解决问题的能力，促进素质水平的全面提高。

（4）图书馆馆员的培育。道德是人们对于自身所依存的社会关系的自觉反映形式，是依靠教育、舆论和人们内心信念的力量，来调整人们相互关系的观念、准则等的总和。职业道德是道德的一部分。职业道德是所有从业人员在职业活动中应该遵循的行为准则，涵盖了从业人员与服务对象、职业与职工、职业与职业之间的关系。因此，一个合格的图书馆馆员，首先必须是一个社会主义道德的模范遵守者。道德的最高价值在于实践，所以图书馆馆员应一生身体力行。具体而言，图书馆馆员应有强烈的事业心和社会责任感，热爱图书馆事业，团结一致，群策群力，坚持"读者第一，服务至上"，全心全意为读者服务。创新能力已成为国民经济可持续发展的重要组成部分，有创新，才有技术革命，才有社会生产力的发展。在学校，有创新，才能培养出有国际竞争力的学生。图书馆也如是，有创新，才能满足新一代读者的需求，才能和创新教育默契配合。图书馆要培养馆员勇于开拓、积极进取的创新意识、创新精神，打破思维定式，抛弃旧观念，制定新制度，开创工作新局面。

图书馆馆员应该是信息专家和信息工程师，是信息系统的建设者。在当前这个信息化时代，手工编目、手工检索已经不再符合时代要求，图书馆馆员应该依靠现代化网络信息系统开展相关工作。图书馆馆员应提高使用计算机的能力，能迅速将物理介质信息转化为数字信息。图书馆馆员有了网上查阅信息的能力，有了检索数据库的能力，有了熟练使用各种工具书的能力，就能为读者提供快速准确有效的服务。要练好过硬的业务基本功，必须将图书馆馆员的继续教育制度化，鼓励馆员参加学术活动，鼓励馆员搞技术革新，鼓励馆员和读者共同搞科研。

2. 图书馆建设是素质教育的重要阵地

素质教育也包括思想道德、科学文化、身心素质、劳动技能和审美能力，以及与之相适应的教育观念、课程教育体系、教育教学、考试制度、教师激励措施、学校工作评估教育运行机制。图书馆是人类精神财富的宝库，读者在借阅图书的过程中，会对他们的精神世界产生潜移默化的影响，这就是书籍的力量。每本图书都凝结了人类的思想和智慧，特别是那些优秀的著作，思想深邃、内涵丰富，能够开拓人的思维眼界，增长人的知识才能，其作用是无可替代的。

图书馆的本质是为读者服务。图书馆馆员应该进一步加强文献资源的开发与利用，充分利用丰富的文献资源和现代化的技术设备，开展定题和承诺服务、编制信息文摘和综述、专题索引等二、三次文献，而且要积极向读者开展科技咨询、专题索引、信息研究等高层次的服务。这样既拓宽了学生的知识面又能更好地为教师科研提供服务。学校对学生进行素质教育时，一定要重视图书馆这个阵地。因为图书馆在学生综合素质教育和能力培养方面凭借自身的资源有着得天独厚的优势，必须注意充分发挥这个优势。

四、图书馆的组织结构分析

随着社会的不断变化，信息化时代的图书馆面临的服务环境以及针对的目标群体发生了一定变化，用户的信息需求和信息获取方式的变化对公共图书馆的服务提出了更高的要求，图书馆自身的业务范围、业务重点也在不断变化。当前图书馆单一冗繁的组织结构是阻碍图书馆服务优化升级的极大障碍。因此，传统的图书馆组织结构已经不能满足用户对高效优质的信息服务的需求。图书馆传统的组织结构改革势在必行。

（一）传统的图书馆组织结构

组织结构是一个组织内各构成要素的关系形式，是组织的信息沟通、权力和责任系统。图书馆的组织结构根据图书馆的发展目标，在图书馆内部设立不同的部门，并确定其相互关系、权责分配以及人力资源的配置与协调，使图书馆成为一个可持续发展的有机整体的组织形式。它是图书馆实现有效管理和运作的工具。目前，图书馆的组织结构主要包括直线型、职能型和复合型三种。

l.图书馆组织结构类型

（1）直线型组织结构。直线型组织结构也称作"军队式结构"。在这种组织结构中，每个人有一个专门的上级领导，由该领导负责指派、监督他们的工作，工作人员必须严格服从上级领导下达的命令。具体在图书馆的工作实践中，直线型组织结构的特点体现在各职能部门按照垂直的权限分配进行直线排列，每个部门都直接听命于上级部门的指导，形成自上而下的管理与运行体系。例如；馆长对副馆长有直线职权；副馆长对其职能范围内的某部门主任有直线职权；部门主任对所辖部门员工有直线职权。

（2）职能型组织结构。职能型组织结构又称作多线式组织结构，在这种组织结构中，按职能进行专业分工。在职能型组织结构中，下级既要服从上级主管人员的指挥，也要听从上级各职能部门的指挥。在职能型结构的图书馆，各级行政部门都设有相关的职能机构。同时，各职能机构在自己的业务范围内又有权直接指挥下级单位。

（3）复合型组织结构。复合型组织结构是在直线型组织结构和职能型组织结构的基础上形成的一种图书馆组织结构，它有机地结合了二者的优势，以此实现优势互补的作用。这种组织结构将图书馆工作人员分为职能型和指挥型两类。职能型馆员负责具体的业务工作，可以向上级领导提出业务管理上的建议及对下级进行职责范围内的业务指导，但无权指挥和发布命令，构成"业务链"；指挥型馆员负责上传下达，构成图书馆组织结构中的"命令链"。

2.图书馆组织结构分析

（1）直线型组织结构

第一，直线型组织结构的优势。①权责分明，管理清晰。在这种组织结构中，所有命令都是由上级至下级直线传递，速度快而且准确。各级管理者职责分明，管理范围清晰，有助于业务效率的提高和管理目标的完成。②单线运作，行动迅速。在这种组织结构中，所有命令都是单线运作的，因此命令的传达和任务完成情况的监督和汇报只需要在各自的业务流水线上单线进行，每个员工只需要对各自直属上级负责，因此有利于具体业务工作的开展。同时，馆员能在一个相对自由的环境中履行自己的工作职责，有利于保证工作质量和业务效率。

第二，直线型组织结构的劣势。①管理职能比较单一，没有设立专门的职能机构，在管理方面缺乏有效的辅助管理手段，对于复杂管理工作来说执行上存在一定的困难。在某些需要进行复杂管理的具体工作中，如临时的项目团队，由于直线型组织结构的图书馆的馆员只需要对各自的直属上级负责，可能会管理混乱，容易导致工作效率低下。②结构相对简单，难以实现权力制衡。在这种组织结构的图书馆中，馆长位于金字塔的顶端，组织缺乏横向沟通，馆长权力被无限放大，从而弱化了馆员对馆长的监督能力，不利于图书馆工作的改进和提升。副馆长之间也缺乏有效沟通机制和权力制衡机制，可能会对管理效率带来负面影响。

（2）职能型组织结构

第一，职能型组织结构的优势。①在管理方面，各职能部门拥有比较大、比较灵活的自主权，可以在一定程度上提高业务效率。在整个业务流程中，部门领导的权力和各部门的自主权较大，部门内部凝聚力较强，业务效率就能得到可靠保证。②部门内部沟通顺畅，可以有效促进管理质量的提高。在职能型组织结构的图书馆中，各职能部门既有纵向沟通也有横向沟通，信息能够及时得到反馈，问题也能够及时得到解决，从而提高了管理活动的质量。

第二，职能型组织结构的劣势。①在这种组织结构中，一些部门可能同时存在多个领导，这就容易在管理中出现多头领导现象，导致组织管理方面出现一定混乱。同时，中层管理人员在工作中的身份容易导致他们的依赖性增强，可能会出现懈怠与推卸责任的行为。②结构庞大，人员冗繁。职能型组织结构图书馆机构设置更为复杂、部门更为冗余。这种组织结构直接导致了机构的臃肿，管理幅度减小，管理难度反而增大。对于图书馆这类公共服务机构来说，更需要的是人员素质优化，而非人员数量巨大。

（3）复合型组织结构

第一，复合型组织结构的优势。从逻辑角度来说，复合型组织结构采用的是直线型组织结构的单线结构，通过这种形式可以很大程度上降低职能型结构中的复杂性，命令链单一，便于图书馆管理工作中的统一指挥，统一行动，使图书馆的管理工作更为专业和细致；从职能分配角度来说，其采取的是职能型的多部门协调合作，避免了直线型结构中的部门间沟通不畅，提高了管理工作的有效性、准确性，使图书馆的工作更为直接有效，优化了图书馆的工作流程。

第二，复合型组织结构的劣势。虽然复合型组织结构在一定程度上同时吸取了直线型和职能型二者的优点，也因此有效提高了图书馆的管理效率和服务质量，但它并没有摆脱结构臃肿的困扰，容易造成人员冗余、人浮于事的现象，也提高了管理成本。

（二）图书馆组织结构的发展与重组流程

1.图书馆组织结构的基本发展轨迹

长期以来我国图书馆的组织结构比较稳定，围绕主要业务划分为不同部门，形成以馆长、部主任和普通工作人员为主要层级的自上而下、层层监督、层层负责的组织结构。近年来，网络及电子资源的出现对图书馆传统服务模式产生了巨大的影响，图书馆部室结构相应进行了不同程度的调整；一方面合并精简传统业务部门；另一方面扩展数字信息业务，但部室层面的调整并没有触及等级式组织结构权力的垂直流向。这种通过机构调整形成机构内部成本最低、效率最大的最优化均衡状态的做法源自以工作细分、责任细分、下级服从上级为主要特点的古典管理理论。由于内外部环境变化太快，图书馆机构调整步伐总是落后于服务职能的发展变化，图书馆界开始探讨在组织管理结构中纳入柔性元素的可能性，然而实际工作中真正以制度化形式走出这一步的并不多。例如，东南大学图书馆、厦门大学图书馆在这方面有所实践，它们在参考服务、技术开发等工作领域形成了团队工作模式，自我管理、自我激励、共同决策等理念得到一定程度的应用。

图书馆的组织结构变革是一个全球趋势，在国外图书馆界尤其是欧美等国这种变革已经获得了较大成果。当前还有很多图书馆并没有选择组织结构转型，仍然有很大一部分图书馆在传统的管理体制下开展工作，其赖以运转的组织结构处于相对平衡的状态。从表面来看图书馆组织结构转型的趋势并不明显，但是如果以一个更为开放的视野来看待图书馆组织结构的发展历程，则发现转型过程一直在缓慢而持久地发生，很多时候这种转型以隐晦的方式进行，当事人也未必有充分的认识。

2.图书馆组织结构的重组设计

本质上而言，图书馆的组织设计就是对其管理人员的管理劳动进行纵向和横向的分工。图书馆是一个服务型机构，因此在一定经济能力范围内，为用户提供优质服务是图书馆追求的最高目标，而一个科学合理的组织结构是图书馆提供优质服务的必要前提。因此，可以根据组织结构设计原则并结合图书馆的公共服务特性，设计一种新型的以办公室为轴心的三角型组织结构。

（1）三角型组织结构的职责分工。可以将三角型图书馆组织结构大致划分为四个主要部分：办公室、用户服务部、资源组织部、技术支持部。三角型组织结构以办公室为轴心，以资源组织和技术支持为基础，以为用户提供方便快捷高效的一站式优质服务为目标。

第一，办公室。办公室是图书馆整个组织结构的轴心部分，由馆长负责管理，并作为一个团队担当着协助馆长做好行政与业务管理的工作，为图书馆发展提供决策参谋、中介协调及组织等工作。它也可以被看作图书馆的总后勤部与总服务台。

第二，资源组织部。资源组织部的主要职责是对各种媒介形态（包括纸质与数字）的信息资源采编、加工、典藏、分配、组织等工作，全面了解和掌握图书馆的馆藏状况，及时更新和推进有序化建设，并通过文献传递、馆际互借等方式为用户提供虚拟馆藏服务。资源组织部可以看作图书馆工作的硬件基础。

第三，技术支持部。技术支持部门的主要职责是对图书馆所有设备进行科学建设、管理和维护，包括计算机、内部网络和各种公共服务设施等在内的硬件及软件设施的建设与维护。另外，有能力的图书馆还可以利用技术支持部的人才对现有图书馆资源进行主动开发和深层挖掘，根据图书馆的特色建立专业学科数据库和特色数据库，以更好地为用户提供高质量的信息服务。技术支持部可以看作图书馆工作的软件基础，也是智力基础。

第四，用户服务部。三角型组织结构与传统组织结构之间存在一定差别，一个主要区别就是三角型组织结构需要直接面向用户，用户服务部被视作图书馆最重要的窗口部门，也是直接显示图书馆综合能力的部门。目前，图书馆都面临着转变服务理念、倡导主动服务意识的变革，未来图书馆的用户服务部将改变传统图书馆过于独立分散的服务模式，成为集"藏、阅、借、咨、教"服务于一体的多元化部门。

（2）三角型组织结构的主要特点。第一，扁平化结构。三角型图书馆组织结构相较于传统组织结构更扁平化，这样有效地加强了横向联系，减少了纵向层次，从而使各部门与办公室之间可以进行直接沟通，不需要经过层级传达，由部门负责人汇总问题直接向"中枢"——办公室反馈，避免了在直线型组织结构中、信息传递过程中的损耗甚至失真；部门与部门之间也能直接进行简单的业务沟通和协调，不需要通过办公室的中转，提高了信息交流的效率，从而提高了工作效率。面对复杂管理工作，如果需要深度沟通，可以通过办公室进行周转和协调，办公室通过对各部门反馈上来的意见和问题进行综合分析，并与各部门共同商讨解决方案，防止在职能型组织结构中出现的多头管理现象，规避因此带来的责任风险。

第二，方便统一管理。在这种组织结构中，以馆长为核心的办公室可以对来自三个部门的问题进行汇总、分析、处理、控制，协调沟通好部门间的工作，许多非经常性的工作还可以通过临时组建的团队小组突击完成。这样的组织结构能更好地适应当前瞬息万变的信息环境，提高图书馆在信息社会中的竞争力。

第三，部门间有效沟通。在三角型组织结构中，图书馆中的各部门之间、部门与办公室之间可以更好地实现有效的信息沟通。办公室在决策时能够综合宏观考虑，提高了图书馆管理工作的科学性和可持续性。

（3）基于三角型组织结构的图书馆业务流程重组。传统图书馆业务流程设计的出发点是图书馆自身的工作需要，即根据文献加工整理的方便程度设置业务流程，而对用户的需求考虑得很少。基于三角型组织结构的图书馆业务流程以用户服务为核心：资源组织部的采访编目和文献加工均从读者实际需求出发，采访编目按照"调研—征订—采购"的流程进行，文献加工和藏书组织也以方便读者快速准确地找到所需文献资源为目标，将流通率高的图书排在便于读者查找的位置，并及时做好图书的下架和更新工作；技术支持部为整个图书馆提供所需设备更新和技术维护；用户服务部作为图书馆服务工作的核心和窗口，致力于为用户和读者提供更为细致和个性化的信息服务。重组后的图书馆业务流程充分体现了三角型组织结构的扁平化特点，有利于在复杂的业务活动中发挥互相协调和配合的优势，为用户提供更加高效的信息服务。

（三）图书馆组织结构转型的环境变化及路径

1.图书馆组织结构转型的环境变化

随着时代进步，图书馆所处的外部环境已经发生了翻天覆地的变化，同时这也对图书馆的内部环境产生了一定影响。虽然环境变化带来了广泛的不确定性，但是整体上来看，不确定性依然依托确定性而存在，所处的环境是复合型的，也就是兼具稳定因素与不稳定因素，确定性与不确定性并存。从图书馆所处的外部信息环境来看，稳定因素在于纸质媒介作为一种重要的信息源至少在可见的未来依然发挥重要作用。不稳定因素在于信息技术的突飞猛进使数字内容成为异常重要的信息源，推动相关的信息服务模式在短期内发生持续变化，将图书馆置于与其他信息源激烈竞争的境地。

从图书馆内部工作来看，在保持一定传承的同时，面临很大的变数。除了一些激进的图书馆之外，绝大多数图书馆依然将纸质信息资源的收藏与服务视为重要业务，这体现了图书馆业务工作中较为稳定的一面。与此同时，数字资源的大量涌现使图书馆必须改革传统的应对纸质资源的工作流程，其服务模式的多样性、不可预见性又要求跨部门的密切合作。

从图书馆的工作人员来说，每个人的性格品性之间存在一定差异。有的图书馆工作人员具备传统图书馆馆员的原型特征，诸如被动、沉默、更愿意被领导而不是发挥自己的影响力；而另外一些图书馆工作人员则更为主动、开放，愿意接受挑战，具备团队合作精神，还有一部分居于上述两种性格的中间，受到组织文化的影响而有所倾向。

由以上论述可以看出，图书馆的内外部环境、工作性质和员工个性都具有复合性，而这一性质决定了图书馆组织结构转型也应以复合式的发展作为主要路径。

2.图书馆组织结构转型的路径

在图书馆的内外部环境处于基本稳定的状态时，最有效的组织结构方式为以细化分工的等级式的方式，此时组织成员职责分明，工作任务没有歧义，信息处理通常畅通，层级监督机制能够确保组织运转正常并将沟通和考评成本降到最低。最重要的是，由于参与决策的是来自管理层的有限几人，管理层可以牢牢控制这些决定，所以可以通过有力的途径确保决策制定过程协调进行，并通过职务赋予的权威监管决策执行过程，以实现组织目标。这是等级式管理体制的主要优点。但是当内外部环境不稳定时，通常来说外部环境的变化对推动组织结构变革所产生的作用更为强烈，等级式结构则会产生阻力，影响组织绩效的正常发挥，长此以往会使其丧失竞争力，此时组织面临较大的结构转型压力。

一般情况下，组织结构转型意味着从等级式向扁平化转化。如果这种转化以纯粹的扁平化组织结构为目标，称为激进式改革路径。如果以等级式体制为基础，适当加入扁平化组织元素，则称为渐变式组织转型路径。采取哪种路径，需要以组织内外部环境变量为基础，综合考虑一定时期内转型成本与转型绩效的对比。

通过前面的分析可以看出，虽然图书馆内外部环境具有巨大的不确定性，但是这种不确定性是依托一定的确定性而存在的，因此图书馆没有绝对的必要性选用彻底的等级式管理体制。在扁平组织结构中，个人与个人、个人与团队、个人与管理层、团队与团队、团队与管理层之间存在多路信息处理通道，如果不有效控制，很有可能产生超过容忍度的信息噪声以及由此导致的重要信息的遗漏，从而影响决策制定进程和工作实施进程。而有效控制信息处理通道则必然加大组织运行成本，这些成本对那些稳定的业务部分来说完全是多余的、可以避免的。另外，组织结构转型期间，需要重塑组织文化，人员心态也将因之调整，如果组织文化准备不到位、扁平化工作机制设计不周，很可能面临巨大的来自团队成员的负面阻力，形成人人负责、人人推托的局面，从而影响组织绩效。此时，渐进式转型路径能够将组织结构转型失败的风险降至最低限度，留出试错空间，不至于产生难以承受的负面影响，从而波及未来改革进程。

因此，应该保留一定的层级式管理体制，这样才可以为图书馆的平稳运行提供有力保障，有效避免组织结构彻底转型可能对图书馆管理和运行带来的严重混乱情况发生。实际工作中的确也存在这样的案例。与此同时，对不确定性密集的业务范畴纳入扁平化的组织结构元素，选用具备团队合作精神的员工进行自我指导、自我管理、自我评估，以最大的灵活性应对工作不确定性的挑战。

（四）组织结构的扁平化结构模式创新

图书馆内成立的各类型委员会是一种比较传统的扁平化结构模式，但是对于我国的图书馆来说，在馆内设立委员会的并不是很多。当前图书馆工作中存在一些新型服务领域，不能完全归属于某一个具体部门，不能由某一个具体管理链条监督实现，此时设立代表各方意见的委员会是比较适当的做法。委员会有常设和临时两种，常设的委员会涉及员工发展、自动化、人事等方面，临时性委员会则根据需要随时成立。委员会的权力大小视各馆实际需要而异，有的委员会有权制定图书馆范围的政策，有的委员会仅起到咨询的作用。其成员安排可以自愿参加，也可以民主选举。由于允许普通员工广泛参与，所以委员会的设立能够在较大范围内分享知识和经验，使大家更好地理解政策和决议。但是委员会的反应往往滞后，而且需要耗费委员大量的时间成本。

任务组是一种与委员会不同的扁平式结构模式，在任务组内的成员大多数是全职参与此项工作的，通常任务组的工作性质往往是某一特定的临时性项目。任务完成以后组内成员依然回到自己的本职岗位上。当临时性工作任务涉及较大范围的、具有明确工作成果、没有前例、要求组内成员高度合作、具有高度重要性时，这种形式格外有效。图书馆可以利用任务组来应对新出现的、不熟悉的、涉及多部门的项目，比如建设新馆或者更换新的管理系统。

随着图书馆的发展，团队成为一种新型、备受关注的扁平化组织形式。团队模式基本上颠覆了传统工作模式：不再被人管理，自己管理自己。自治性是团队最为突出的特征之一，从团队的工作计划到成员的岗位安排再到整个工作进程的评估等，均在自治之列。在这种自治环境下，团队形成富于创造力和风险共担的文化，大家倾听彼此的意见和经验，自由提出看法，无须担心受到责备。团队的牵头人往往由组内成员轮流担任，充分体现领导力共担。进入 21 世纪，自我管理的工作团队已成为等级式管理结构中最为常见的扁平化机制。极个别图书馆，比如亚利桑那州立大学图书馆，在整个图书馆范围内实现了团队管理，绝大多数图书馆则是在一些部门比如编目、参考等实现了团队结构。

对于图书馆的扁平化管理来说，从委员会到任务组再到团队，它们的扁平化程度呈现逐级加深的趋势，同时它们在应对变化方面的能力也是逐级提高的，各个图书馆可以根据自身的实际情况选用适当的形式。实践表明，图书馆提高灵活性的路径是多种多样的，成功之路没有固定的模式。有的图书馆团队模式改革失败以后重新回到传统模式，更有不少图书馆在实现团队模式以后大提高了服务水平。在决定转型之前需要综合考虑转型成本与转型收效之间的均衡，慎重做出决定。不论等级式管理体制存在哪些缺点，这种上至管理层下至普通工作人员所熟知的组织结构以其可预期的稳定性所带来的安全感具有很大的优势。

第二节　图书馆资源的内涵与类型

一、图书馆资源的内涵

图书馆是对信息、知识的物质载体进行收集、加工、整理、积聚、存贮、选择、控制、转化和传递，提供给一定社会读者使用的信息系统，也是文献信息的存贮与传递中心。"图书馆资源"一词早在 20 世纪 80 年代中期就被提出，20 世纪 90 年代后，图书馆界开始讨论图书馆资源的概念和构成，形成了多种观点。进入 21 世纪以来，由于国民阅读率的持续降低、图书馆的利用严重不足、对图书馆的社会认知程度不高等现实问题，我国逐渐开始重视对图书馆的资源深度利用的研究，并围绕着如何促进全民阅读，对现有公共图书馆资源及其利用情况进行了积极的研究和探索。

（一）图书馆资源的特性

图书馆资源具有以下特性：

1. 联系性。联系性是指系统中各组成要素间相互作用、相互关联。图书馆资源各要素之间有着相互依存和影响的关系，这种关系决定了图书馆资源内部联系的特性。

2. 整体性。整体性是指按一定方式构成的系统各要素之间的相互联系和制约，体现出各部分之和小于该整体以及要素与系统间的不可分性。图书馆资源各组成要素构成了一个整体，各要素之间是密不可分的，但其整体发挥的功效要大于各要素的简单相加，也就是人们常说的"1+1＞2"效应。

3.可用性。图书馆资源是为图书馆而存在并被加以利用，因而其具有可用性，任何资源失去了可用性，也必然失去了其存在的价值。

4.动态性。动态性是指系统各组成要素必须随着时间的推移以及外部环境的变化而不断发展变化。图书馆资源的动态性决定了图书馆资源会随着时间的变化而不断发展变化，正如图书馆资源从诞生开始发展到如今，其内涵和外延逐步加深和扩大。

5.有序性。图书馆资源应该是一种有序存在的资源，这样会有助于对其利用，比如图书馆文献资源如果是无序的，稍具图书馆知识的人都能知道它将无法被很好地利用。我们常说的人力资源的整合即是对人力资源的整序，人力资源不进行整序，就无法发挥其最大作用。同样，设备资源如果无序，也无法发挥其应有的作用。

综上所述，图书馆资源是指图书馆为了资源利用而组织起来的多种资源相互联系的动态有机整体。

（二）图书馆资源的基本构成

1.信息资源。信息资源是图书馆存在的基础，包括图书馆中可供利用的所有信息，可分为两部分：文献信息资源、网络信息资源。文献信息资源指的是图书馆内所收藏的为用户提供需求的各类信息资源，它包括纸质印刷型与电子型；网络信息资源是指存在于现代计算机网络系统之中，并以联机方式向用户提供服务的信息资源，包括静态的文献数字化信息和动态的社会信息。近年来，随着图书馆信息理论的发展，也有人将图书馆的信息资源分为现实馆藏和虚拟馆藏。

2.人力资源。人力资源是图书馆可持续发展的关键因素，包括图书馆各种人员（图书馆馆员和读者资源。及由这些人员所衍生出的管理方法，其中图书馆馆员资源又包括图书馆理论、图书馆政策及相关法规、技术资源。实质上如果让读者参与图书馆的管理，能够为图书馆事业注入新的活力，如有些图书馆会建立自己的专家顾问团、青年志愿者服务队、大学生图书馆管理协会等，通过这些方式给自己提供一些更好的建议，集思广益，有助于图书馆的发展，这些都是对读者资源的开发和利用。

3.设施资源。设施资源并不单指设备资源，它还包括馆舍、设备以及一些其他用品。其中设备是主要的资源，可分为传统设备（如藏书架、阅览桌椅等）和现代化设备（如计算机、网络交换机等），也有人将现代化设备称为信息设备，它包括自动化系统、网络，因为现代设备与技术已融合在一起，所以有不少人称之为技术设备资源。不过从理论上讲，设备与技术应分属于不同的资源范畴。设施资源是图书馆的物质基础，代表了图书馆的先进程度，特别是在当代，现代化设备的配置已成为现代化图书馆的标志，因而其越来越受到重视。

当今，信息技术飞速发展，数字化图书馆迅猛发展，图书馆资源也正在走向集成一体化。

三．图书馆资源的功能

1.存储、积累知识与信息的功能。图书馆的文献资源是为了保存和传递社会经验与知识的需要。文献的发展与丰富，其根本原因在于社会知识的积累与知识需求的急剧增长。文献作为知识的载体，其基本功能价值之一就体现在它记录着人类创造的知识，且能够满足社会的知识需求。

2.传递、扩散信息的功能。在人类社会中，个人、团体、国家为了生存与发展，必须随时掌握大量的有关信息，以监测环境、应付环境的变化，并做出相应的决策和行动。图书馆正是信息文献资源的集散地，是人与自然、社会联系的中介。图书馆是人类在文化交流中的活动场所，并在人类信息交流体系中占有独特的地位。

3.社会教育的功能。通过图书馆资源，社会成员可以学习、掌握各种生产、生活方面的知识，尤其在当代社会中，文献资源的利用是终身教育的重要手段之一。随着时间的推移及社会的发展，各种社会风俗习惯、伦理道德、哲学及法律等社会观念都会被记录在文献中，通过文献的传播，将已确立的一整套社会观念传给下一代，这能促成信息社会中年轻一代的社会化，并且时刻影响着社会成员，成为社会的自我控制力量。

4.文化传播的功能。图书馆的文化保存和传播的过程，是文献生产和传播技术不断进步的过程，同时也是一个社会信息数量不断增长和信息传递加速的过程。每项新的文献信息都提高了个人和集体的记忆、保存信息的能力，从而使人们能够从事过去所不能从事的活动。换言之，对于文化发展，文献的交流与传播是其发展的基本条件和手段。文献传播的实质是文献信息交流，因而，文化的发展实际上建立在文献信息交流的基础上。所以，文献信息是人类社会文化不断发展进步的基础之一。文献的文化传播功能主要体现在：①文献传播具有文化的整合功能。通过文献传播，可以使不同的文化彼此了解、吸收、借鉴，直至认同和融合，趋于一体。②文献传播具有文化评价功能。通过文献，人们可以对记录下的自身所处的文化环境进行审视和评价，确定文化的价值，并据此采取行动。③文献传播具有文化积淀功能。文献传播不仅可在空间上横向传播，同时也可在时间维度上纵向继承，这使得人类的文化财富代代相袭，积累下来，成为宝贵的文化遗产。

5.娱乐欣赏的功能。文献信息资源包括文学影视作品、音乐美术作品和游戏软件等，以满足阅览者平时丰富业余生活的需要；精美的文献插图和丰富多彩的多媒体信息，能够给阅览者带来愉悦感；同时，阅读文献作为一种休闲方式，也能起到怡情养性的作用。

二、图书馆资源的类型

（一）传统图书馆文献资源的类型划分

传统图书馆收藏的资源比较单一，以实体文献资源为主，按照文献资源不同的标准划分可以有多种类型：

1. 根据文献的加工深度划分

文献是信息的主要载体，根据对信息的加工层次可将文献分为一次文献、二次文献和三次文献。

（1）一次文献。人们对自然信息和社会信息进行首次加工而成的文字记载，是文献信息源的主要部分。例如专著、报纸、期刊、专利文献、标准文献、会议文献、样本等成品文献属于一次文献。一次文献数量极为庞大，在内容上是分散的、无系统的，不便于管理和传播。

（2）二次文献。为了控制文献，便于人们查找，所以对一次文献进行再加工。通过整理、提炼和压缩，并按其外部特征（题名、作者、文献物理特征）和内部特征进行有序化管理，形成另一类新的文献形式就是二次文献。例如目录、书目、索引、文摘等。二次文献不是一次文献本身的汇集，而是一次文献特征的汇集，通过它们可以很方便地找到一次文献或了解一次文献的内容。二次文献内容相对集中、系统相对性强，便于管理和传播。

（3）三次文献。利用二次文献，选择有关的一次文献再加以分析、综合而编写出来的第三个层次的文献形式就是三次文献。例如专题报告、综述、进展以及手册、百科全书、年鉴等工具书。三次文献具有系统性、综合性、知识性和概括性的特点。它从一次文献中汲取重要内容，便于高效率地了解某一领域的状况、动态、发展趋势和有关情况。因此，要在浩瀚的一次文献中查找所需资料，往往离不开二次文献和三次文献。

2. 根据文献的载体形式划分

随着信息的记录与存取技术的更新换代，文献载体形式也呈现出多样化，出现了早期如音像磁带、胶卷，到现代的光盘、数据库等载体。这些非传统纸质载体文献的出现使文献的记录和保存范围进一步扩大，并使文献传递更加迅速，使信息的存储和利用更加便捷。目前，文献主要有印刷型、缩微型、电子型（机读型）和音像型四种。

（1）印刷型文献。印刷型文献是以手写、打印、印刷等为记录手段，将信息记载在纸张上形成的文献。它是传统的文献形式，便于阅读和流传，但存储密度小、体积大，不便于管理和长期保存。

（2）缩微型文献。缩微型文献是以感光材料为载体、用缩微照相技术制成的文献复制品，如缩微胶卷、缩微平片。按其外形可分为卷片型和平片型；按对它的穿透力可分为透明体和不透明体，前者须用透射式阅读机阅读，后者指缩微印刷品，用不透明感光纸印制而成，用反射式阅读机阅读，缩微型文献的特点是存储密度大、体积小，便于保存和传递，但必须借助专门的设备才能阅读。世界上许多文献信息服务机构都欲将长期收藏的文献制成缩微品加以保存。

（3）电子型文献。电子型文献是指以数字代码的方式将图、文、声、像等信息存储到磁、光、电介质上，通过计算机或类似设备阅读使用的文献。其也称机读型文献，如各种电子图书、电子期刊、联机数据库、网络数据库、网络新闻、光盘数据库等。其特点是：信息存储量大，出版周期短，易更新，传递信息迅速，存取速度快，可以融文本、图像、声音等多媒体信息于一体，信息共享性好，易复制，但必须利用计算机才能阅读。

（4）音像型文献。音像型文献是采用录音、录像、摄影、摄像等手段，将声音、图像等多媒体信息记录在光学材料、磁性材料上形成的文献，又称为声像资料、视听资料、音像制品。如音像磁带、唱片、幻灯片、激光视盘等。音像型文献脱离了传统的文字记录形式，直接记录声音和图像，给人以直观的感觉，又称为直感型资料。其特点是形象、直观，尤其适于记录用文字、符号难以描述的复杂信息和自然现象，但其制作、阅读需要利用专门设备。

3.根据文献的出版形式与内容划分

按照文献的出版形式和内容，可以将文献分为图书、期刊、报纸、特种文献（学位论文、会议论文、专利文献、标准文献、科技报告、政府出版物、产品样本资料等）。

（1）图书。凡由出版社（商）出版的不包括封面和封底在内49页以上的印刷品，具有特定的书名和著者名，编有国际标准书号（ISBN），有定价并取得版权保护的出版物称为图书。图书是以传播知识为目的，用文字或其他信息符号记录于一定形式的材料之上的著作物；图书是人类社会实践的产物，是一种特定的不断发展着的知识传播工具。它包括专著、教科书、词典、丛书、工具书、百科全书等。

（2）期刊。期刊也称杂志，是由多位作者撰写的不同题材的作品构成的定期出版物。期刊有固定刊名，是以期、卷、号或年、月为序，定期或不定期连续出版的印刷读物，且每期内容不重复。出版单位出版期刊，必须经新闻出版总署批准，持有国内统一连续出版物号（ISSN）。根据期刊的出版周期可将期刊分为旬刊、半月刊、月刊、双月刊、季刊、半年刊、年刊。期刊按用途不同可以分为科普类期刊和学术类期刊两大类。而学术类期刊按主管单位的不同，又可以分为省级期刊、国家级期刊、科技核心期刊（统计源期刊）、中文核心期刊（北大中文核心）、中文社会科学引文索引、中国科学引文数据库、双核心期刊等。

（3）报纸。报纸也是连续出版物的一种，是以刊载新闻和时事评论为主的定期向公众发行的印刷出版物。它是大众传播的重要载体，具有反映和引导社会舆论的功能。根据出版周期，报纸可分为日报、早报、晚报、双日报、周报、旬报等。

（4）特种文献。

①学位论文。学位论文是指为了获得所修学位，被授予学位的人按要求所撰写的一种论文形式。学位论文是学术论文的一种形式，有严格的格式要求，一般不公开出版。学位论文分为学士论文、硕士论文、博士论文三种。

②会议论文。会议论文是指在会议等正式场合宣读的首次发表的论文。会议论文属于公开发表的论文，一般正式的学术交流会议都会出版会议论文集。会议论文集不是期刊，但是有的期刊为会议论文出增刊。

③专利文献。专利文献是包含已经申请或被确认为发现、发明的实用新型和工业品外

观设计的研究、设计、开发和试验成果的有关资料，以及保护发明人、专利所有人及工业品外观设计和实用新型注册证书持有人权利的有关资料的已出版或未出版的文件（或其摘要）的总称。

④标准文献。标准文献是经公认权威机构（主管机关）批准的一整套在特定范围（领域）内必须执行的规格、规则、技术要求等规范性文献，简称标准。

⑤科技报告。科技报告是记录某一科研项目调查、实验、研究的成果或进展情况的报告，又称研究报告、报告文献。每份报告自成一册，通常载有主持单位、报告撰写者、密级、报告号、研究项目号和合同号等。它按内容可分为报告书、论文、通报、札记、技术译文、备忘录、特种出版物。

⑥政府出版物。政府出版物是由政府机构制作出版或由政府机构编辑并授权指定出版商出版的文献。常见的政府出版物有报告、公报、通报、通讯、文件汇编、会议录、统计资料、图表、地名词典、官员名录、国家机关指南、工作手册、地图集，以及传统的图书、期刊、小册子，也包括缩微、视听等其他载体的非书写资料。

⑦产品样本资料。产品样本资料是指厂商或贸易机构为宣传和推销其产品而印发的资料，如产品目录、产品说明书、产品总览、产品手册等。

（二）现代性图书馆资源的类型划分

20世纪末的图书馆现代化进程始于图书馆自动化，在这个进程中，随着技术的不断改进和革新，先后出现了电子图书馆、数字图书馆、虚拟图书馆等概念。它们都是计算机技术、多媒体技术、网络技术和其他相关技术发展的产物运用当代信息技术，对文献信息资源进行采集、整理和储存，构成现在图书馆中的电子文献和电子出版物。另外，利用现代网络技术，图书馆创建了各种各样新的服务平台。这些跟随图书馆现代化进程脚步而产生的资源可以被称作是图书馆的现代性资源。

电子信息资源是信息资源的重要组成部分，是电子化了的信息资源。它是以数字化的形式，把文字、图形、图像、声音、动画等多种形式的信息存放在光、磁等非印刷型介质上，以电信号、光信号的形式传输，并通过计算机、通信设备及其他外部设备再现出来的一种信息资源。它是一个分布式的大型知识库，即以分布式海量数据库为支撑，基于智能检索技术和宽带高速网络技术的大型、开放、分布式的信息库群。按传统载体对资源类型的区分方式，电子资源的类型包括电子图书、电子期刊、电子报纸以及其他作为图书馆馆藏的数字格式的资源，如学位论文、会议论文、地图、乐谱、政府工作报告等。另外，一些经济统计数据库、材料属性、相图数据库等事实型数据库也正在逐步发展中。

I.电子期刊数据库

随着期刊的种类急剧增加，电子期刊已成为数字图书馆不可或缺的馆藏资源。电子期刊多数来自纸质版期刊的电子化，也有一部分期刊不再出版纸质版，而仅以电子版的形式出版。但无论纸质版还是电子期刊，两者都是一种有固定名称、有一定出版规律的定期或不定期的连续出版物。与图书相比较，期刊的最大特点是内容丰富新颖、发行面广、能及时传递信息。

期刊论文一般都是作者研究的最新成果。它所刊载的科学事实、数据、理论、技术方面的构思和猜想，都具有重要的参考价值。电子期刊数据库的最大特点包括收录期刊的类型繁多、数量巨大，既有题录信息，也包含全文。例如，CNKI 包括万余种期刊，既有纯学术性期刊，也包含时事周刊等非学术性期刊。除个别优先出版的论文之外，大多数电子期刊及其所载论文的发行时间相比纸质版期刊要晚数周甚至数月。

2.电子图书数据库

电子图书是纸质版图书的电子化形态，两者都是系统论述或概括某一学科、某一领域或某一主题知识的出版物。它们的共同特点是作者对已经发表的科研成果及其知识体系进行的概括和总结，因而内容比较系统全面，所载信息比较成熟可靠。电子图书主要用于求知解惑，系统学习某一领域的基础知识。作为一种馆藏资源，电子图书从最初单纯只是单种纸质版图书的图片化集合，随着技术的飞速进步，很快进化到以 PDF 等格式为代表的电子文档，并随着数量的激增，由数据库软件对众多的电子图书进行管理。其带来的最大好处是，与纸质版图书相比较，即便是单本的中文电子图书，也具备检索系统。

3.学位论文数据库

学位论文是指高等院校、科研机构的毕业生和研究生，为获得相应学位所提交的学术论文；在撰写的过程中，尤其是博士论文，会在收集资料并进行研究的基础上提出一些独创性的观点，因而具有一定的科学价值。由于需要经过专家评审并在获得学位之后，将学位论文提交给其学位授予单位，因此，学位论文通常会印刷一定数量的纸质版。由于纸质版学位论文大部分是不公开出版的，即便出版，印刷数量也有限，因此，很难为广大的图书馆所收藏。为此，建立学位论文数据库成为广泛传播这一类型文献的主要途径。

4.会议文献数据库

会议文献是指在学术会议上和专业学术会议上宣读或交流的论文、材料、讨论记录、会议纪要等文献。学术会议本身可以实现面对面交流，对科学研究的初步成果、难点和可能的发展方向等在同行面前进行当面评审或议论。会议文献的最大特征是涉及的专业内容集中统一，专业性和针对性强，传递信息速度快，能够反映相关学科领域的最新研究成果和水平。但会议文献的主要不足之处在于出版不规律，具体体现在出版时间、出版地点和出版社等常发生变化，这使得图书馆通常不太容易将其收藏为资源。因此，会议组织者在出版纸质版供与会者使用的同时，很乐意将会议文献交由为数不多的数据库商集中出版，方便各数字图书馆统一收藏会议文献的电子版。

(三) 图书馆特色资源的类型划分

"所谓特色资源就是有别于其他个体属性的资源，并且获得人们的广泛认同。世界正是由于不同特色的物质资源和精神资源构成的一个多维的思维空间。[①]"特色资源的产生与发展是与人类的活动和诉求密切相连的。我们对特色资源的态度应当既要尊重历史，更要根据现实情况进行经营与创造，发挥它不可或缺的作用。

1. 图书馆特色资源的分类

（1）特色信息资源。图书馆的特色信息资源建设是随着网络时代的开启而被赋予的一项重大任务，它是图书馆间信息资源共建与共享的基础，是对读者进行特色服务的依托。虽然在网络诞生以前，特色信息资源的建设已经从不同的层面上展开，但无论其规模还是影响力都是很局限的，它的社会意义从来没有像今天这样随着网络时代的来临而越发重要。在当代各类图书馆评估过程中，几乎所有人都认识到基于网络而开展的特色资源建设的重要性和必要性。图书馆特色信息资源主要包括：系统特色资源、区域特色资源和专题资源库三大部分。

①系统特色资源。系统特色资源是指每个图书馆的系统会通过各自的办馆宗旨、服务对象及发展方向，在资源建设过程中逐渐形成相对差异但又各具特色的信息资源。例如，高校系统资源建设应注重教学信息与科研信息资源的获取与收藏，突出为教学与科研服务的馆藏特色；公共系统图书馆在资源建设上则需要考虑到社会上各个层次的用户，尽量在信息的获取及收藏上做到涵盖面广，有些公共图书馆也可以根据用户的具体需求来做一些特色资源建设，形成点面结合的馆藏特色。从上述两个类型图书馆的资源比较来看，我们不难发现它们都有各自不同的特色和优势。这些特色和优势构成各图书馆的系统与系统之间资源共享的物质基础。系统特色信息资源可视为图书馆安身立命之本，各类图书馆都应当采集与储备系统特色信息资源，为教学、科研、读者及政府决策提供相应服务。

②区域特色资源。区域特色是特色信息资源重要的组成部分。例如，我国省市以区域进行划分，区域特色资源就是指国情、省情、市情乃至县情等。不同的地域必然会形成不同的经济文化、政治状况、风俗民情等。正是由于这些不同的地域差异构成了五彩斑斓的文化世界，形成了各种各样的特色信息资源。

③专题特色资源库。专题特色资源库，即该资源库是针对某特定专题而建。各图书馆可视具体情况而建。例如，学校图书馆可以分别建立教师和学员专题库，其中包含教师和学员的科研成果（如已经发表的著作、论文等）以及他们的简历档案等，另外公共图书馆也可以建立相关的专题库，如读者专题库，用于收集该区域内有关读者的信息。

（2）人才特色资源。图书馆的第一资源即人才资源。其中的人才是指相关的计算机网络人才、管理人才、复合型人才等。

①计算机网络人才。随着计算机网络的普及，现代图书馆必然向网络数据化发展，因

[①] 阮孟禹：《图书馆特色资源的科学内涵及其建设》，载《中共福建省委党校学报》2007年第6期，第92页。

此该类型人才是图书馆转型后所必需的人才，以保障图书馆相关网络的正常运行。该类型人才要对计算机软硬件以及网络安全进行维护，对图书馆的相关网络应用、信息数字化进行处理，并维护开放转型后的相关应用功能，满足读者的需求。可以这样说，该类型人才是图书馆现代化标志性人才之一。

②管理人才。管理人才分为行政事务管理人才以及专业技术管理人才。图书馆人才的核心即是管理层人才。行政事务管理工作包括日常行政的组织、协调、实施、检验以及业务组合；专业技术管理工作包括技术资源配置等。图书馆的管理工作，可以将分散的个体、事务以及资源进行有机整合以组成一个有机的整体，使图书馆在人事、业务组织层面以及发展规划层面都能够有效地运作，以保证图书馆各个功能正常发挥。

③复合型人才。复合型人才是指能够适应各种岗位工作，能够在业务上主动学习以提高适应发展形势，即能在宏观上进行管理，又能在微观上掌握先进的技术及其应用。可以说前面提到的两种类型人才的结合体，是当今大力倡导和培养的人才。

（3）环境特色资源。图书馆环境特色资源包括外部环境资源和内部环境资源。

①图书馆外部环境资源。外部环境资源指的是图书馆建筑的造型及外围环境。大多数图书馆都有自己的特色建筑造型，世界上不少图书馆的特色建筑造型，已经成为一个区域或者一所学校的地标性建筑物。更有些优秀的图书馆特色建筑，成为人类建筑遗产和建筑文化的组成。建筑物造型要大气、美观、协调，给人们以美的享受的同时，也要能够体现有别于其他建筑物的文化氛围。如果条件允许，图书馆的外围环境应当是公园式的环境，与其建筑物相吻合，为读者提供户外的舒适学习或休闲环境。

②图书馆内部环境资源。图书馆的内部结构，首先考虑到安全，即指安全通道、消防等；其次考虑图书馆的舒适性，即采光和透气；最后考虑读者借阅是否方便、友好等。图书馆服务区域的发展，趋于集藏、借阅于一体的大开间。这种大开间，既方便读者的借阅、利用信息资源，又方便图书馆的管理。馆内装饰，应该明亮、简洁、大方，所使用的装饰材料要重视环保节能，确保所用材料达到政府或行业规定的要求，尽量避免有害气体的排放。在装饰上，要能够体现图书馆特有的人文氛围和人文景观。

2.图书馆特色资源的建设渠道

图书馆的特色资源建设是图书馆生存和发展的根本。因此，建设者需要根据自身的相关资源，如建设资金、技术能力、质量要求、所应用的平台以及各独立馆之间的协作等因素，确立图书馆的建设原则和发展方向，并制订出一套可行性高、易出成果的方案。

（1）特色资源建设原则

①针对性原则。首先，特色馆藏最重要的因素是针对读者的需求形成，所以建设必须有明确的针对读者需求的特色资源，而特色资源需要有读者问津才有现实意义；其次，图书馆需针对所在区域的经济、民族、风俗文化、政治以及教育等特色的要素建立特色资源，例如民族图书馆就是要针对该民族的特点、相关服务范围和对象进行建设。

②实用性原则。实用性原则即需要贴近现实，考虑到投入与产出的关系，与建馆的实

际需求紧密连接。特色资源建设如果要得到读者的欢迎和认可，必须能拉近与读者的关系，不忘特色资源建设的初衷，才能更好体现建设特色资源的价值。

③系统性原则。系统性原则指特色资源建设尽可能将建设对象内容系统地收集到特色资源库中去并进行整理，能够做到从不同的维度（如时间坐标、地域坐标等）考察它都是一个比较完整的特色资源体系。

④规范性原则。规范性原则为技术层面上的问题。特色数据库建设有符合规范标准的软硬件。其建设要严格按照国际、国家和行业标准，采用统一规范的格式，以成熟的软件和通用标准为技术平台，建立规范化、标准化的特色数据库。因为数据库的格式标准化将直接影响到其使用效果效率、存在的价值及发展前景。

⑤可扩展性和兼容性原则。特色数据库应具有良好的可扩展性，具有发展空间和升级能力，硬件上能够对不同的设备和网络系统进行兼容，软件上能够实现跨平台、多媒体技术的综合应用。

⑥联合共建原则。由于网络的诞生和飞速发展，为资源共建共享提供了技术上的支撑，并使其拥有了广阔的前景。所谓的联合共建，就是在建设特色数据库时，充分利用各独立馆、各信息单位以及社会力量的参与和支持，发挥群体优势，实现互通有无、取长补短、优势互补。这样既可以加强与社会的联系，又能够扩大图书馆的影响。资源共建共享，通过各信息单位分工合作，可以有效消除各自为政的局面，对有限的人力、物力和财力等资源进行整合，弥补资源的不足。

（2）确立特色资源发展方向。特色资源在决定如何建设的同时，还需要考虑今后的发展方向。特色资源只有准确定位，才能达到可持续发展的目的，才能更具有生命力。

①读者需求是特色资源建设的原则。一个图书馆特色资源形成需要根据读者的需求进行不断的调整，由此可知，图书馆特色资源与读者需求紧密相关。图书馆特色馆藏主要是在不断满足读者需求过程中进行调整，逐渐积累，形成自己独特的资源。因此，建设特色资源的过程，需要对各群体和各层次的读者进行深入的调研和采样，将读者的真正需求充分体现在建设方案中。这样我们的建设特色资源才能够满足图书馆历来所强调的"读者至上"的服务宗旨，使我们建设的特色资源有依据和现实意义。个性化中心资源、特色资源是满足读者需求的方法，特色资源建设的起点和最终目的的实现都体现在满足读者的诉求上。

②特色资源建设的基础是重点学科建设。除了满足读者诉求外，图书馆特色资源建设另一个重要的指向是以学科为依托。每一个图书馆在信息资源建设过程中，都会根据自身的服务对象，对不同的学科，在资源收藏上进行主次区分。而其重点学科资源的建设，将逐渐转化为该图书馆的特色资源建设的基础。各图书馆重点学科的特色资源，一般都是在发展过程中逐步积累形成的，已经具有相对独特而稳定的藏书体系。图书馆的学科建设一旦形成特色资源，就应该对该特点进行巩固、健全和发展，使之成为馆藏的核心主体部分，能够反映所在馆藏书个性，也能够代表馆藏资源发展的重要方向。为了建立一个有主有次、系统完整的特色藏书体系，在重点学科资源建设过程中，必须对兼顾学科的不同档次、深度、目的的文献需求进行合理配置和整合。

③特色资源建设的标志是特色数据库建设。随着读者需求日益多样化和个性化，早期的图书馆书目数据库已不能满足读者的需要，特色数据库的建设需求也日益强烈。随着数据库技术和各种应用的不断发展，各种资源库也相继问世。特色资源库作为其中一个载体，其发展是能够跟上读者需求的变化。特色数据库的类型众多，其基本类型有地方特色数据库（包括统计数据库、民风民俗数据库等）、学科特色数据库，以及各类型的专题数据库等。图书馆为了满足读者的需求，以区域特色、学科特色和专题资源库为依托，以信息网络的联合共建为平台，循序渐进，科学地推进特色资源建设。

第三节　图书馆管理的基础理论

图书馆是一个目的系统，是一个为特定目的——交流知识信息而组织起来的系统，这个系统是由文献信息资源、人力资源、设施和设备等要素组成的。图书馆联系文献信息与社会成员的社会功能的发挥，都离不开管理活动，这种管理活动既包括信息资源的管理，也包括图书馆人力资源、物质资源、财务资源的管理。

一、图书馆管理的认知

（一）图书馆管理的内容

图书馆管理是通过决策、计划、组织、控制和协调实现的各环节之间不是相互割裂，而是相互联系、相互制约，共同作用于管理运动的全过程，这形成了图书馆管理的特定内容。

1. 图书馆管理的决策环节

任何图书馆系统及其所属子系统的管理过程，都离不开正确的决策。图书馆系统的决策，主要包括：图书馆发展方针、政策、战略方面的决策；各项业务工作的决策，如采集文献品种与复本数量，分类法的选择，馆藏划分最优方案的选择，排架方式的选择，开架与闭架方式的选择等；人事方面的决策，包括人员智力结构的确定，人员更新与培训的方式，奖惩制度的制定等；财务、设备方面的决策，包括经费预算及其合理分配，设备、用品的选择等。正确的决策来源于正确的判断，正确的判断来源于周密细致的调查研究。因此，深入调查研究是决策过程中避免失误和少犯错误的重要环节。

2. 图书馆管理的计划环节

图书馆管理的计划环节是管理过程中一个十分重要的因素。计划是一种预测未来、确定目标、决定政策、选择方案的连续过程，是图书馆各项活动的指针。图书馆系统的各方面决策都要通过计划去实现。

图书馆计划包括两个基本方面：一是国家图书馆事业发展计划，二是个体图书馆的发展计划。

国家图书馆事业发展计划应包括：①图书馆事业总体规划，规定图书馆发展的总量与速度，确定重点与比例，平衡各类型图书馆的建设和布局；②图书馆网的发展计划，规定图书馆网的组织形式及其结构；③专业人员的培养计划，包括正规的学校教育、职业技术教育、函授教育、在职教育等多层次教育形式；④科学研究与协调发展计划，包括基础理论研究、重要科研项目、技术设备和服务手段，以及引进技术与大型协作计划等。

个体图书馆的计划，有长期计划与短期计划，有全馆计划与各业务部门的计划，有本馆的整体发展规划与各局部的发展计划等。

计划是由定额、指标和平衡表三部分组成的。各项定额是发展计划的基础，计划的内容和任务则体现在指标上。计划就是综合平衡，而平衡表是基本手段和工具。国家图书馆事业发展计划是各分项计划的集合，一个馆的总体计划是本馆内各个部门计划的集合。在制订各项计划时，应明确该项计划的主要任务及其在总体规划中的地位和作用，并认真选取衡量该项计划发展水平的主要指标，确定发展的规模和发展速度，突出发展重点，规定适当比例，注意各项计划之间的协调。应当指出，在编制图书馆计划时，必须通过统计工作收集可靠的数据指标，并根据各项相关的指标，以谋求最佳的发展方案。

3. 图书馆管理的组织环节

组织指对活动所需的资源加以组合，建立组织活动与职权间的关系的过程。组织是发挥管理职能、实现管理目标、完成计划的保证。组织工作是一个分工的行为，同时又是一个组织各方进行协作的行为。组织工作还包括人事工作，亦称人员配备，即为组织的工作过程中设置的工作岗位配备合适的职工人选。因此，在图书馆管理系统中必须有健全的组织机构，并明确各工作岗位的职责，确立各级人员之间的相互关系，做到职责分明，权责结合。只有这样，才能执行管理过程中的各项决策和各项计划。

4. 图书馆管理的领导环节

领导工作是影响人们为实现组织的目标而努力，包括激励、方式方法、沟通等。图书馆要建立合理的领导层的群体结构，应注意选拔主导型人才，重视领导者群体的智力结构，加强领导者之间的团结协作。图书馆的领导者应当注意在正确运用合法权力、奖励权力、强制权力之外，还要学习和掌握图书馆专业知识和管理知识，不断完善本人各方面的素质，增强自己的专家权力和个人影响力。要重视对领导艺术的学习与实践，包括授权艺术、决策艺术、会议艺术、用人艺术、奖励艺术等。

5.图书馆管理的控制环节

图书馆管理的控制环节是按既定的工作计划、标准去衡量各项工作成果，并纠正偏差，使工作按计划进行。所以，控制不仅是对现有的工作成果进行评定，更重要的是认识和判断工作发展的趋势并为改进工作提供信息反馈，可以说，没有良好的信息反馈，图书馆就无法对自己的各项工作进行有效控制。这是因为控制的功能是通过输入、中间转换、输出、反馈四个环节实现的。输入包括两个方面：一是物流的输入（包括人、资金、设备、物资、文献等）；二是信息流的输入（包括各种决策、计划、规章制度等）。中间转换包括物流、信息流在图书馆各层次系统中的实际运动过程。输出包括品种、数量、成本等各项指标。反馈即将输出信息回收到输入端，与原给定物流、信息流进行比较，若发现差异，便查明原因，干预以消除差异。这样就达到了控制的目的。反馈是控制中最重要的一环，反馈的信息有真假之分，必须对反馈的信息进行去伪存真的分析，以便对图书馆系统的各工作环节进行有效控制，保证图书馆均衡地完成工作计划，取得最佳服务效果。

6.图书馆管理的协调环节

协调是管理过程中不可缺少的环节，它可以使图书馆事业的建设或一个图书馆的各项工作趋向和谐，避免矛盾和脱节现象。图书馆的协调，从微观角度来看，指的是图书馆内部纵向和横向的协调。纵向协调，就是要保持图书馆各层次子系统的上下平衡；横向协调，就是要保持图书馆系统各层次之间的协作，以避免各个工作环节和各个部门之间发生脱节或失调现象。而图书馆的协调，从宏观角度来看，是指与图书馆外部的协调这种馆际之间的协调，也分为纵向层次的协调和横向层次的协调：纵向层次的协调指的是本系统图书馆从上至下的协调；横向层次的协调指的是本图书馆系统方针、任务与其他图书馆系统的协调。如省级图书馆属于公共图书馆系统，除了要与整个公共图书馆系统协调外，还要同高等学校图书馆系统、科学图书馆系统及其他图书馆系统进行横向协调，使各图书馆系统紧密联系，均衡发展，从而充分发挥各类型图书馆的功能，为广大用户服务。

（二）图书馆管理的特性

作为一种特殊的社会实践活动，图书馆管理具有一般社会实践所共有的客观性、能动性和社会历史性等特性，不过这些特性在图书馆管理中有其具体的表现形式。整个实践的特性对于不同的实践活动来说是一种共性的东西，而具有这种共性的各种实践活动又表现出不同的特性。图书馆管理主要具有以下特性：

1.图书馆管理的总合性

所谓图书馆管理的总合性，从空间来说，它贯穿在一切图书馆的活动中，存在于图书馆活动的一切方面和一切领域。凡是有图书馆活动的地方，就有图书馆管理存在。从时间来说，它与图书馆共始终。在中国商代，不仅有藏书之所、掌书之人，还有管书之法。随着信息技术的发展，图书馆的形态可能会发生一些变化，如传统的纸质图书馆可能会逐渐萎缩，虚拟图书馆、电子图书馆、数字图书馆和网络图书馆将登上历史舞台。但我们认为，只要还存在图书馆活动，不管其形式如何，仍然离不开管理。因此，在图书馆发展的长河中，管理是无处不在、无时不有的一种社会活动。它在图书馆系统中横贯各层次、涵盖一切领域，具有总合性。

2.图书馆管理的依附性

任何图书馆管理都必须依附于一定的图书馆业务工作，它全部的实际内容和具体形式离开了其他的业务活动就不能单独存在。图书馆管理总是对某种业务活动（文献采选、分类编目、书刊借阅、参考咨询、文献检索、情报研究等）的管理。图书馆管理的这种依附性主要表现在：图书馆管理的目标必须依托于具体的业务活动才能实现；图书馆管理的过程总是伴随着其他业务活动的进行而展开；图书馆管理的结果总是融合在其他业务活动的成果之中。也就是说，图书馆管理必须以其他某一种、某几种或全部业务活动作为自己的"载体"。

3.图书馆管理的协调性

所谓协调性，是指调节和改造各种管理对象之间的关系，使它们能相互适应，按照事物自身固有的规律性在整体上处于最佳的功能状态。图书馆管理与其他业务活动的不同主要表现如下：

（1）从活动的对象来看，一般业务活动总以某个特定的具体事物作为自己的对象。如文献采选以图书馆未收藏的新书、新刊、新报、新光盘等文献载体为对象；分编工作以图书馆已采购回来的新文献为对象；咨询服务以读者为对象等。但是，图书馆管理在一定意义上却是以图书馆系统的各种业务活动为自己的对象，是对这些业务活动之间的关系以及这些业务活动内部的各种要素之间的关系进行协调的活动。因而与各种业务活动相适应，就有协调这些活动的采访管理、分编管理、借阅管理、咨询管理等形式。这些管理活动是通过协调各种业务活动而间接地对它们起作用，从而改变它们的存在状态。

（2）从活动的任务来看，一般的业务活动都有自己特定的具体任务。它们或者是为了购回本馆读者所需要的文献，或者是为了改变文献的形式特征，或者是为了将读者所需要的文献传递给读者，或者是对读者进行信息检索技能培训，或者是为读者提供咨询课题的解答方案等。图书馆管理的主要任务是协调人们之间的关系和利益，协调人们活动的状态和过程，使图书馆各种业务活动的要素建立某种有序的优化结构。所以，图书馆管理是一种柔性的社会活动。图书馆管理者一般并不直接从事信息产品的生产或信息服务活动，他们主要是通过协调各种业务活动的内外关系，特别是馆员之间的关系以及馆员和读者之间的关系，使各种要素、各环节在共同目标即最有效地满足读者的信息需求的指引下，消除彼此在方法上、时间上、力量上或利益上存在的分歧和冲突，统一步调，使图书馆的各种业务活动实现和谐运转，结合成一个有机的整体。

4. 图书馆管理的组织性

图书馆管理的组织性，一方面指的是图书馆管理活动总是通过一定的组织（如学校图书馆、科学图书馆、企业图书馆、公共图书馆、工会图书馆等）进行的，这种组织是由进行管理活动的人所组成的一个有序结构。组织是管理的主体，因而任何图书馆管理都是由一定的组织机构（即特定的图书馆）去进行的。同时，组织又是管理的对象，因为任何图书馆管理都是对一定组织(即特定的图书馆)的管理。孤立的个人、离开了一定组织的人，是无所谓图书馆管理的。另一方面，它指的是图书馆管理活动本身就是一种组织活动。这种组织活动将分散的资源，如人力、物力、财力、信息等组合起来，形成一个稳定的、能够不断根据客观环境的变化而进行调整的物质和社会双重结构的过程。这种组织过程既把各种离散的、无序的事物结合成一个相互联系、相互制约的管理组织系统，这是图书馆管理活动得以进行的物质和社会实体，同时又能不断地根据变化着的外部和内部情况，对管理活动的各种要素之间的关系进行调整，以寻求相适应的最佳物质与社会的匹配关系，使图书馆系统朝着管理的目标运行。前者指的是静态的组织性，它表现为一种有序的组织形式；后者指的是动态的组织性，它表现为一种能动的组织形式。图书馆管理的组织性是图书馆管理最基本的特征，也是其他特征的内在根据和机制。

5. 图书馆管理的变革性

管理在本质上是变革活动，是使人获得真正自由的活动。图书馆管理也不例外。从现象上看，图书馆管理有保守的一面，它要维持图书馆系统一定程度的稳定，要用一定的原则、规章制度约束图书馆的成员。稳定是运动的一种特殊状态，因为图书馆系统中的人、财、物、信息等要素是不断变化发展的，图书馆系统外部的经济、政治、文化、科技等环境也在不断变化。要实现对图书馆的真正有效管理，目标和计划就要反映对象的变化，协调活动就要使系统内外因素的配合在变动中趋向合理，要不断通过信息反馈实现对图书馆的动态控制，要根据图书馆的发展改变失去合理性的规章制度。可见，图书馆管理的变革性是由图书馆本身的运动决定的，具有客观性图书馆管理的变革性更重要地表现为其发展演化图书馆管理是一种主观见之于客观的活动。它不仅要反映图书馆的变化，还要反映图书馆变化的趋势，反映趋势的转变，而这只有通过科学预测、设立目标、制订计划、完善组织、实施控制等一系列动态管理活动的反复循环才能实现。

6. 图书馆管理的科学性

图书馆管理的动态特性并不意味着图书馆管理没有规律可循。尽管图书馆管理是动态的，但还是可将其分成两大类：一是程序性活动；二是非程序性活动。所谓程序性活动，就是指有章可循照章运作便可取得预想效果的管理活动，如制定读者服务工作中的各种规章制度，制定人员管理工作中的录用、奖惩、培训等方面的条例，制定行政管理的各种规章制度，制定后勤管理的各种规章制度等；所谓非程序性活动，就是指无章可循。这种需要边运作边探讨的管理活动，如建造新馆、建设图书馆自动化系统、调整图书馆的组织机构、复合图书馆的设计等。这两类活动虽然不同，但又是可以相互转化的。实际上现实的程序性活动就是以前的非程序性活动转化而来的，这种转化的过程是人们对这类活动与管理对象规律性的科学总结，图书馆管理的科学性在这里得到了很好的体现。此外，对新管理对象所采取的非程序性活动只能依据过去的科学结论进行；否则，对这些对象的管理便失去了可靠性，而这本身也体现了图书馆管理的科学性。

7. 图书馆管理的艺术性

由于图书馆管理对象分别处于不同系统（如科学院系统、文化系统、教育系统、工商企业系统等）、不同部门（如采访部、编目部、流通阅览部、典藏部、参考咨询部、研究辅导部、信息技术部、特藏部等）、不同环节（如出纳台借还、书库整理）、不同的资源供给条件等环境中，这就导致了对每一具体管理对象的管理没有一个唯一的、完全有章可循的模式，特别是对那些非程序性的、全新的管理对象更是如此。因此，图书馆具体管理活动的成效与管理主体管理技巧的娴熟程度密切相关。事实上，管理主体对管理技巧的运用与发挥，体现了管理主体设计和操作管理活动的艺术性。另外，由于在达成图书馆资源有效配置的目标与现行责任的过程中，可供选择的管理方式、手段多种多样，因而如何在众多可供选择的管理方式中选择一种合适的方式用于现实的图书馆管理之中，也是管理主体进行管理的一种艺术性技能。

8. 图书馆管理的经济性

图书馆存在着以资源稀缺性为核心的经济问题。例如，社会对图书馆的投资应该达到怎样的水平才能充分发挥图书馆的各项社会功能；为了节约社会投资，提高图书馆的投资效益，对图书馆的社会投资应如何分配给各种不同类型的图书馆才能使图书馆资源达到合理配置；怎样选购和组织藏书才能使有限的购书经费发挥最大的效益。要有效地解决上述问题，就必须对图书馆的人力、物力、财力、信息等资源进行配置。而资源配置是需要成本的，因此管理就具有经济性。图书馆管理的经济性首先反映在图书馆资源配置的机会成本上，管理者选择一种资源配置方式是以放弃另一种资源配置方式为代价而取得的，这里有个机会成本的问题；其次，图书馆管理的经济性反映在管理的方式方法选择上的成本比较，因为在众多可帮助进行资源配置的方式方法中，其所费成本不同，故如何选择就有个经济性的问题；最后，图书馆管理是对资源有效整合的过程，因此选择不同资源供给和配比，就有成本大小的问题，这是经济性的另一种表现。

二、图书馆的管理模式与方法

（一）图书馆的管理模式

I.图书馆管理的资源管理模式

图书馆信息资源管理模式可归纳为以下几种，图书馆可根据自身的发展目标、本馆的特点加以选择或组合。

（1）小而全模式。小而全模式是指图书馆的整体规模，如藏书、建筑等维持目前的动态平衡。但其服务手段和服务能力需要不断加强，以达到齐备完全的程度。对于小型图书馆，要保证配套设施的新颖性和全面性，力争与国内的同行业保持同步，这样才能保证图书馆网络化、自动化、数字化工作的顺利开展，以准、快、精、全的服务质量树立图书馆的新形象。采取"小而全"模式的图书馆，应在检索手段、服务手段和网络设施等硬件建设上加大投资力度，给图书馆的"软"工作创造一个扎实的"硬"环境。

（2）专而深模式。现代意义上的图书馆不再是文献资料的收藏中心，而是必须在如何充分利用现有的文献信息资源上下功夫：考虑到文献数量剧增、文献价格上涨、购书经费减少、服务对象的特殊性以及文化环境的独特性等因素，采取"专而深"模式的图书馆，其文献收藏要求专而全、求深舍广。收藏重点应放在本馆读者最常用的文献资料上，做到收藏有重点、服务有特色。专而深的特色资源作为全球虚拟图书馆最基本的组成部分，发挥着极其重要的作用。这些来自某个区域的各分支信息，在网络上汇集成一个完整的虚拟图书馆，给人们提供全面而系统的服务。在新技术对传统图书馆的强烈冲击下，建立专而深的图书馆模式已经成为人们考虑的一种新的管理模式。

（3）网络化模式。在信息飞速增长的今天，再大的图书馆也无法包罗万象、全面收藏。因此，现代图书馆如果不借用外力去充分利用已有的劳动成果，开展馆际协作，实现资源共享，那它的路将越走越窄，服务也只能越来越被动，最终逐渐被读者遗忘。信息化程度的提高和电子网络的建立，使馆际交流与协作变得容易而频繁。从文献采访到文献查重，从集中编目到联合编目，从目录检索到全文信息检索，从馆际互借到资源共享，图书馆的基本业务都可以通过网络来实现。现代图书馆的管理就应有这种合作意识，大胆冲破"围墙"界线，将其业务活动的领域逐渐向馆外延伸，与其他图书馆或信息服务机构协作，成为图书馆网络中的一员。树立"大图书馆"的意识，在进行本馆业务发展规划时，把自己的业务活动与整个网络系统联系起来。

（4）信息导航模式。图书馆是文献信息的服务中心，图书馆馆员必须在信息社会中扮演并担负起"信息导航者"的角色，辅导读者合理利用所需文献，合理地重组或开发第二、第三信息资源，避免重复劳动，理顺工作流程。这可以从两方面着手考虑：一是全面开展参考咨询工作，如开展综述、述评、文摘信息、剪报参考、定期服务、定题服务、开发专题文献数据库等工作；二是提高素质，当好因特网上的导航者，引导读者正确检索信息，捕获具有研究参考价值的文献。

2. 图书馆管理的组织机构模式

在现代民主、自由与创新的管理趋势下，不同类型的图书馆可根据自身的具体情况采用适合本身特点的管理模式。

（1）柔性化管理模式。组织机构是图书馆管理活动及其他活动有序化的支撑体系。传统的组织理论强调结构稳定、组织内部等级森严、层次间界限分明，而这往往会形成缺乏沟通、办事刻板的组织。这样的组织无法适应多变的环境。柔性管理不再把组织结构看成是一个刚性的东西，而是把它看作有柔性、有适应性、有学习能力的有机体。很显然，柔性化的组织强化了部门间、人际间的交流合作，为图书馆的发展创造了一个和谐融洽的内外环境，营造出了一种全新的文化氛围，为每个人的思想发挥提供了充分的条件和空间。

（2）扁平化管理模式。扁平化是对"金字塔"式的层级管理模式的创新，其组织形态由传统的塔型结构向扁平型转变。组织结构扁平化，取消了中层管理环节，既节省了一批人力资源，又使信息沟通与决策方式得到改善，客观上促进了领导与下属之间的交流与协商。扁平化管理提倡团队精神，虽然图书馆馆员根据工作需要经常流动，岗位不断变化，但责任依然明确。随着信息传递方式由阶层（等级）型转变为水平（自由）型，与此紧密相关的图书馆管理组织结构也将从尖顶的"金字塔"向扁平的矩形网络转变。一些中层组织将被削弱或走向消亡，那种分工过细、相互割裂的管理组织，已不再适应发展的需要。把相互关联的管理组织加以整合成了大势所趋。临时性的、以任务为导向的团队组织将取代原有结构中固定的和正式的组织。这种柔性的、灵活的虚拟组织，已成为图书馆组织管理的重要形式。

（3）虚拟化管理模式。虚拟化是指通过借用外部共同的信息网络及通道提高信息数据存储的一种方法。引用到组织管理中，是指协同外部力量、整合外部资源的一种策略。比如，沿海城市图书馆与内地图书馆，高校图书馆与公共图书馆，省级图书馆与市、县级图书馆，它们之间现代化的程度存在着很大差异，发展水平也极不平衡，甚至出现了"两极分化"现象。因此，寻求一种能够解决现阶段乃至今后我国图书馆事业发展的管理策略就显得十分必要。虚拟化管理模式所追求的目标是突破组织自身的有形界限，达到全方位借用外力的效果，以期取长补短、协同发展，各合作方达到"共赢"的效果。

3. 图书馆管理的运行机制

（1）保障机制。作为公共文化服务的基本设施，图书馆首先应以国家投入为主，然后吸收社会各方面的力量，保证图书馆事业有稳定乃至逐步增长的资金来源，建立起图书馆事业的资源保障机制。同时，图书馆的各级行政主管部门应制定图书馆事业发展的方针、政策及规划，发挥导向作用，建立起图书馆事业的政策保障机制。

（2）协调机制。图书馆的各级行政主管部门有责任协调好图书馆的内、外部关系，为图书馆的事业发展提供良好的环境。其内容主要包括：协调好图书馆与政府的关系，争取各级政府及其职能部门对图书馆事业的重视和支持；协调好各系统与图书馆之间的关系，形成一体化的图书馆服务网络；协调好图书馆与读者及社会各界的关系，增强全社会的图书馆意识。

（3）规范机制。首先，图书馆行政主管部门应就图书馆的办馆条件(如藏书、人员、经费、建筑设备等) 所应达到的底限作出明确规定。其次，各级主管部门应对图书馆的活动和效益情况发挥监督与控制作用。此外，还要制定完备的技术标准，并监督其实施与执行。

（4）激励机制。理顺行政主管部门与图书馆之间的责任和利益关系，利用一切可能的手段和方式，调动广大图书馆馆员的工作积极性，努力提高图书馆的业务水平和服务效益。制定有效的激励机制是搞活图书馆的关键。

4.图书馆管理的体制模式

目前，图书馆的单一体制模式也出现了新的多样化的态势。

（1）理事会模式。该模式的做法是由图书馆利益相关者组成图书馆理事会行使最高决策权，类似于现代公司中的董事会，聘请馆长行使日常事务管理权，其角色类似于公司中的总经理。在两者之外，聘请相关学者组成专家委员会，负责决策咨询。该模式可供规模、影响较大的公共图书馆参考。

（2）委托管理模式。其做法是原主管部门以正式契约形式将图书馆委托给某公司管理，契约中规定双方的权利义务、损益、分配等。契约规定受托公司有义务履行一些特殊职能，如公共服务。主管部门承诺对这部分业务进行单独拨款、核算和评估。主管部门不干涉图书馆的日常管理，因为其运作按市场机制进行，受国家有关法规制约。

（3）溢出模式。所谓"溢出"，是指科研机构的研究人员以其创造和拥有的成果，创办自己的企业。通过这种方式，研究所产生的成果得以"溢出"到社会，从而增加社会福利。现代信息技术的发展也使得一部分图书馆拥有一些可以"溢出"的科研成果。因而，一些图书馆可以考虑采取溢出模式。溢出模式与目前图书馆实行的"一馆两制"有异曲同工之妙，但溢出模式是一种清楚、明了、科学的制度创新，它集成了管理创新和业务创新。

（4）严格隶属模式。该模式是指一部分规模较小或与母体机构联系密切的图书馆 (如资料室)，仍然隶属于原机构，但应在制度规范建设上实施严格的监管。

（二）图书馆管理的方法

图书馆管理方式、方法就是图书馆机构行使管理职能和实现管理目标的手段、措施与途径的总称。图书馆管理活动的各层次、各过程、各环节都有与之相配套的方法。每种方法在管理活动中，有各自的地位、作用和特点。同时，每一种方法都存在着局限性。因此，综合运用各种方式、方法，使之互相补充、相辅相成，是管理工作必须把握的关键所在。现代图书馆管理的方式很多，主要有以下方法：

1.图书馆计划管理

图书馆计划管理的核心内容是图书馆计划。从制订计划到实施计划，再到检查计划的执行情况并据此进行调整，直到最后实现计划的预期目标。这是实行计划管理的全过程，实施计划管理的前提是编制切实可行的工作计划，图书馆计划的编制须遵循科学、客观、灵活、统筹等原则。一般而言，编制计划需要经过四个步骤：一是现状调查，提出设想；二是获取信息，回溯分析；三是预测未来，确定目标；四是制订方案，择优决策。

图书馆制订计划，做出决策之后，只有通过对计划的执行，才能将所确定的计划指标转化为工作成果，以实现既定的目标。计划的执行，需要做到如下几点：一是分解计划指标；二是合理分工；三是明确职责；四是反馈控制；五是协调一致；六是及时总结。

2.图书馆规章制度管理

建立规章制度时，需要考虑四个方面的关系：一是图书馆与用户的关系，既要以方便用户使用为出发点，又要建立在管理科学化的基础上。二是用户与用户的关系，制定规章制度时要在保证重点用户需要的前提下，满足一般用户的文献信息需求的特点。三是利用馆藏文献与保管文献的关系。图书馆的各种规章制定应当从便利用户利用馆藏文献出发，但同时也要考虑保护图书馆财产的完整。四是图书馆内部各部门的关系。图书馆应当建立一整套的规章制度，包括行政方面的，也应该包括业务方面的。行政方面的规章制度主要有：组织管理制度、岗位责任制、人员管理制度、业务技术职称的评聘制度、经费的管理与使用制度、行政管理制度、安全保卫制度、统计制度。业务方面的制度主要有：文献资料的入藏制度、文献资料的分类规则、文献编目规则、目录组织规则、文献借阅规则、书库管理制度、自动化工作管理制度等。

3.图书馆计划管理岗位责任制

计划管理岗位责任制是以规章制度的形式明确规定每个工作人员的岗位，以及应该达到的基本要求和应负的责任，并据此进行考核和奖惩。其核心内容有如下六项：一是科学设定岗位，明确岗位工作范围；二是明确各岗位的责任和具体任务；三是规定每项工作数量、质量和时限的标准；四是规定各岗位人员处理问题的权限；五是规范各岗位人员的职业道德；六是规定严格的赏罚。

4.图书馆的目标管理

目标管理是一种系统。在该系统中，下属和上级共同确定具体的绩效目标，定期检查目标完成的进展情况，并根据这种进展给予奖励。它是以重视成果的思想为指导，共同确定一定时期的总目标，通过层层分解、自我控制、自我管理等手段来达到目标的一种管理方法。

目标管理的含义应包括六个基本要素：一是以重视结果的思想为指导；二是主管人员与下属人员共同确定该组织一定时期的目标；三是将其共同目标进行分解，落实到各部门及个人；四是根据预期个人将达到的目标，明确个人的责任范围；五是每个人应围绕目标自觉工作、自我控制、自主管理；六是依据预定目标，对达到的成果进行检查和评价。图书馆目标管理，是运用目标管理方法来开展图书馆的各项管理活动。它包括以下环节：①制定总目标；②层层分解目标；③落实措施；④安排人力和物力；⑤实施和控制；⑥效果评定。

相对于计划管理岗位责任制而言，目标管理更适用于图书馆的工作性质和工作特点，更能体现图书馆目标的整体性，更能充分发挥人的自觉性和创造性，也更能很好地促进馆员业务素质的提高。因此，目标管理成为我国图书馆的一种重要管理方法。

5.图书馆统计工作

图书馆统计工作是指运用统计学原理，对图书馆工作中的各种数据进行收集和整理，并运用统计指标分析各种数量关系，找出规律，从中发现问题、采取措施的活动过程，它是图书馆实行科学管理的重要依据，是图书馆实行量化管理的重要手段。统计结果可以客观、准确和全面地反映图书馆工作各方面的状态和图书馆活动的基本规律。

图书馆统计工作的内容主要有藏书统计、读者统计、借阅统计、设备统计和图书馆基本情况统计等，各种统计指标的有机结合就能系统、科学地反映图书馆的活动情况。

（1）藏书统计。藏书统计主要是指对馆藏文献信息资源的数量、文献类别和文种以及费用、来源和藏书时间等的统计。其统计方法主要有分类统计和综合统计两种，主要以总括登记账或月报表和汇总表来体现。通过藏书统计，可以了解馆藏比例、数量和质量，对图书馆馆藏也有比较全面的了解和有效控制。

（2）读者统计。读者统计主要是指对本馆读者的数量、构成及其到馆情况的统计。其统计方法有综合统计、分类统计和动态统计三种。主要统计指标有读者人数、到馆人数、读者类型等。通过读者统计，可以了解读者和馆藏文献的比例关系，掌握读者动态。

（3）借阅统计。借阅统计主要是指对馆藏文献的流通情况进行统计，这样可以了解馆藏文献的利用情况。其统计方法有分类统计和综合统计两种。通过借阅统计可以掌握读者的阅读倾向和需要，明确馆藏文献补充方向，从而进行有效的文献采购和补充。

（4）设备统计。设备统计包括家具统计和电器统计。家具统计主要是指对书架、桌椅和其他办公设备的统计。电器设备包括计算机、服务器、网络设备、音响设备、监控设备、打印机、复印机、扫描仪等。通过设备统计，可以如实反映图书馆拥有的设备情况，也可以反映图书馆达到的现代化程度和数字化建设程度。

（5）图书馆基本情况统计。图书馆基本情况统计主要是指对图书馆的基本情况。如馆舍面积、组织机构、人员情况、经费等的统计，是了解和掌握图书馆最基础情况的有效途径。

除以上统计外，在图书馆工作中，还有工作量统计、咨询统计、读者活动统计等。各种统计指标的有机结合能系统、科学地反映图书馆的活动情况。例如，将借阅量与藏书量进行比较，就可算出藏书利用率，就能更好地掌握图书馆的活动规律，从而促进图书馆的建设和发展。

三、图书馆的组织管理

（一）图书馆业务工作机构的设置

图书馆业务工作是一种工序繁多、前后衔接、连续性强的工作。把图书馆业务工作的许多工序合理地组织起来，并设置一些业务机构把它统管起来，是搞好图书馆工作的一个重要条件。

图书馆需要设立哪些业务机构，一般没有统一的标准和规定。各图书馆应根据自己的任务、馆藏、人员、设备等因素，统一考虑，统筹安排。

业务机构设置首先应该考虑是否有利于管理，因此各部门之间应有明确的分工，体现各部门的工作范围、职责，便于相应的协作，互相补充，发挥整体的作用。机构的上下之间分级管理，能充分调动全馆工作人员的积极性。要把那些性质相近的工序组织在一起，减少往返传递，避免重复劳动，节省人力和时间，提高各项工作的速度和质量。

工序是图书馆设置业务部门的主要依据。按工序设置业务部门，有利于组织业务工作，便于业务部门之间的互相联系。一般来说，传统的图书馆通常设立下列部门：

（1）采编部门。主要负责文献资料的采访、征集、验收、登录及注销；文献资料的分类、编目和主题标引；文献采购的协调和馆际交换；编制新书通报等。

（2）外借阅览部门。主要负责用户登记、发放借书证件；办理馆藏文献的外借和阅览；管理并指导用户使用目录；宣传推荐文献，指导用户阅读；帮助用户复印复制资料等。

（3）参考咨询部门。主要负责编制各种专题书目索引；指导用户使用书目索引、文摘、题录及其他各种工具书；解答用户咨询等。

（4）文献典藏部门。主要负责基本书库和本书库的组织管理；办理文献的出库和归架；做好文献保护工作。

（5）业务研究辅导部门。主要负责本地区、本系统图书馆的业务辅导工作；组织本地区、本系统图书馆工作经验的交流和图书馆业务的研究；收集、整理并保管图书馆学专业文献资料；有些图书馆业务研究辅导部门，还负责办理本地区中心图书馆委员会和图书馆学会的日常工作。

（6）特藏部门。负责珍本、善本、文献和其他特藏资料的管理和流通。

（7）自动化部门。负责本馆自动化管理系统的开发、管理与维护工作。

由于影响图书馆业务机构设置的因素很多，所以各图书馆的机构设置，并不是完全一致的。例如，规模较大的图书馆，可以分别设立采访部和编目部；规模较小的图书馆，经常把采访与编目合并，设立采编部，把阅览与典藏合并，设立典阅部，把参考咨询合并到阅览部，不另立参考咨询部。

以上这些业务部门，依据图书馆规模的大小，可以称部，也可以称组，但部和组的工作性质和范围是相同的。

图书馆的全部业务工作，是由上述各业务部门分别完成的。各业务部门既有明确分工和职责范围，又是相互联系的。在图书馆的全部业务工作中，用户服务工作是其中最重要的工作，文献收集、馆藏管理、文献保管等各项工作都应以方便用户利用文献作为出发点。因此，图书馆业务机构都应以用户工作为中心来组建，抓住了这一点，业务机构的设置就有了明确的方向。

在虚拟环境下，图书馆的工作环节和程序将发生变化，相应的传统图书馆职能部门，如采购、典藏、服务等部门的职能将扩展，可按任务组成信息理集部、信息转换部、数据描述部、数字化服务部、技术支持部等部门。为适应市场经济对图书馆的要求，有些图书馆还设立了文献开发部门，负责创收与开发工作。当然，传统型出版物的典藏部分、服务部门等还将继续存在。

（二）图书馆规章制度的建立

I. 图书馆规章制度建立的意义

图书馆规章制度是指图书馆工作人员或用户必须遵守的工作条例、章程、规则、细则和方法。它是图书馆实行科学有效管理的依据和准绳，是整个图书馆工作正常而有序进行的保证。各种类型的图书馆，特别是工作内容比较复杂的大型图书馆，必须建立一套严密的、科学的规章制度。一个图书馆工作效益的大小、工作秩序的好坏，都与是否认真建立或严格执行各种规章制度有着直接关系。

严密的、科学的规章制度不仅要正确地反映图书馆业务工作和技术操作的特点和规律，成为进行业务技术工作的准绳，还要正确地解决图书馆内各部门、各工序和各环节的业务技术问题、工作人员之间的关系问题以及图书馆与用户、一部分用户与另一部分用户之间的关系问题。

严密的、科学的规章制度应体现出人们在实践中积累起来的成功经验，也可以说是经验的法定化、条例化、规范化。它应当揭示出图书馆提倡什么、反对什么、约束什么，使图书馆的管理者和使用者都按照规章制度办事，保证工作正常有序地进行下去。

图书馆规章制度是图书馆工作实践经验的总结和概括，但随着图书馆工作的发展和人们认识的深化，它并不是一成不变的，人们应当根据客观情况的变化及时检查规章制度，发现确实有不合理的，或者是有弊病的，就得坚决地加以改革。在改革规章制度时，要严格划分合理的制度与不合理的制度、正确的制度与错误的制度、必要的制度与"清规戒律"之间的界限。图书馆业务工作具有很强的积累性、持续性和连锁性，尤其是属于业务操作技术方面的规章制度，更要保持最大限度的稳定性和规格化，应尽量减少和避免必要的变动。对于必须要改的规章制度，破了必须要立，最好是先立后破，边立边破，以防青黄不接，难以为继，使工作发生混乱。

2.图书馆规章制度建立的内在关系

图书馆在建立规章制度的时候，一定要严肃认真，本着"凡事慎于始"的精神，力求新定的规章制度符合实际，科学严密建立规章制度时，需要考虑以下四方面的关系：

(1) 图书馆与用户的关系。图书馆制定各种规章制度，既要以便利用户为出发点，又要建立在管理科学化的基础上，两者必须统一起来，所谓对用户的便利，是指对全体用户的便利，不能是便利一部分用户而妨碍了另一部分用户的利益，而且，这种便利是长远的便利。因此，需要以科学有效的管理来保证。

(2) 用户与用户的关系。制定规章制度时要体现在保证重点用户需要的前提下，满足一般用户文献信息需求的原则。从整体上看，图书馆要保护多数用户的利益。例如，图书馆为了严防丢失和损坏文献资料而制定的某些制度，目的就是要保护全体用户的共同利益。

(3) 利用馆藏文献与保管文献的关系，图书馆的各种规章制度应当从方便用户利用馆藏文献出发，但同时也要考虑到保护图书馆财产的完整。利用文献是图书馆工作的目的，保管文献是为了更好地利用馆藏。图书馆工作人员应从健全规章制度和掌握规章制度方面来调整利用馆藏文献与保管文献的关系。在一般情况下，图书馆的馆藏以满足借阅为主，但在某些情况下，某一种文献或某一类文献，在一定时间内，也可以仅供用户在馆阅览，不能做馆外流通。某些文献只借给科学研究用户，不借给一般用户。

(4) 图书馆内部各部门的关系。图书馆内部各部门的工作，是一个有机的整体，只有保持各项工作的平衡，才能保证图书馆工作的正常开展，否则就会形成工作被动甚至混乱。全馆工作的平衡，主要指的是文献资料的收集、整理工作与流通推广工作之间要保持平衡，为此应加强收集、整理、典藏等基础工作，为流通推广工作创造更为有利的条件。建立健全严密科学的规章制度，既是图书馆管理工作中的重要环节，又是一种极为重要的管理手段。凡所制定的规章制度，一旦批准生效，就应当坚决执行。图书馆的全体工作人员和全体用户，都有权监督和保证规章制度的执行。为了保证各种规章制度的贯彻执行，还要建立监督检查制度，把贯彻执行规章制度与干部考核、奖惩工作结合起来。

3.图书馆规章制度的基本内容

图书馆应当有一套既包括行政工作方面的制度，也包括业务工作方面的制度。行政工作方面的制度主要是组织管理制度。它是图书馆开展工作的总纲领，应该对本馆的性质、方针、任务、领导分工、业务工作、会议、学习等问题做出明确的规定。其中，业务工作方面的制度最基本的有以下五种：

(1) 文献采集工作制度。文献采集工作制度包括文献采集的标准和办法，文献采集工作细则。在文献采集的标准和办法中，必须明确规定采集原则、收藏范围、复本标准、采集计划、文献经费使用方法、审批手续和订购办法等。文献采集工作细则是采访人员进行工作的具体守则。它的内容包括采集工作过程的操作技术、质量要求及有关的注意事项，如文献及用户需求的调查研究、补充、交换、登记、盖章、移交和注销；文献统计分析等工作的细则。

（2）编目工作制度。它包括编目工作细则、文献分类规则、文献著录条例、目录组织规则等。编目工作细则是对编目工作的总规定。它指出编目工作的整个流程、方法依据、操作技术和质量要求等。由于编目的对象既有图书、期刊、报纸，又有音像资料、计算机文档等，它们的工作流程、方法依据及操作技术等，多少也有些不同，所以应分别加以规定。文献分类规则的内容主要是对分类法的选择和增删，以及对文献进行辨类和归类方法的一些规定。因为文献分类规则牵涉到分类目录组织和文献的分类排架等问题，所以制定时应充分考虑本馆的专业特点、馆藏文献成分和用户需要等情况。文献著录条例是关于各种类型文献著录方法的规定。目录组织规则包括对目录体系和目录组织办法的规定。

（3）借阅工作制度。借阅工作制度包括用户借阅规则和阅览工作组织。用户借阅规则主要是面向用户的。在用户借阅规则中，又可分为用户登记、借书证和阅览证的发放原则和办法、借阅办法、阅览室规则、文献复制规则、赔偿规定等。阅览工作除对用户提出一些守则性的要求外，还要明确馆员如何接待用户和如何保管文献，规定服务范围、对象、标准等。

（4）书库管理规则。书库管理规则包括保存本书库、基藏书库、辅助书库及特藏书库的划分和管理。书库管理规则要对文献排架、出入库登记、馆藏文献动态统计、书刊出纳人员的职责、文献装订修补、剔旧、安全防范、清点等工作做出明确具体的规定。

（5）自动化工作管理规则。自动化工作管理规则包括机房管理、数据保存、访问权限、数据安全、设备更新等方面的规定。

除上述几种规章制度外，为了加强图书馆的管理，还必须制定其他一些必要的规章制度，如经费使用和管理条例、设备管理和维修条例、岗位责任制和奖惩条例等。

所有这些规章制度，都不是孤立的，既要对馆员和用户提出明确要求，也要对馆藏文献资料做出一些保护性的规定；既要注意处理与馆外有关方面的关系，也要注意处理馆内务部门之间的关系，还要注意规章制度的整体与部分之间、一项制度与另一项制度之间、同一制度的一条规则与另一条规则之间的前后呼应、互相衔接。

第四节　图书馆资源管理的意义与目标

一、图书馆资源管理的意义

作为图书馆最基础的工作，通过图书馆资源管理工作，将各行业最新的知识信息传递给读者，使得读者能够更好地了解我国当前各行各业的实况，也有助于他们了解我国当下的各种时事政策和一些相关的科学文化知识。对于学生而言，图书馆可以成为他们对于课堂教学课程补充的好地方，可以给他们的日常学习提供非常广泛的资源和途径，他们通过书籍中贮藏的丰富知识来不断开阔自己的眼界。同时，图书馆更是他们培养自身文学水平素养，让他们能够去了解世界文化的一个地方，有助于他们形成成熟而独特的世界观、价值观和人生观。

二、图书馆资源管理的目标

图书馆资源管理目标就是对资源管理有战略发展计划，并为这一计划制订详细的方案，而这种方案又具有人性化和生态化。

第一，对信息资源的管理。文献信息资源是图书馆三大资源的核心。因此，文献信息资源管理成了图书馆资源管理的一项重要任务，图书馆为了更好地发展壮大自己，首先，图书馆应不断优化馆藏结构，对馆藏资源进行合理布局，突出馆藏特色。其次，加大电子文献资源的比重。由于信息时代的来临，数字图书馆在不断兴起，再加上电子文献资源和传统文献资源相比有整编简洁、提取便捷等优势，因此很多图书馆都在大力扩展自己电子资源的馆藏。最后，注意传统文献与电子文献的协调，电子文献资源虽然好，但并不是所有文献资源都能够转化为电子文献资源，如传统文献资源中的古籍等文献电子化太难，因此传统文献的收藏图书馆也非常重视。还有一点，就是关于图书馆资源服务，许多图书馆都在开展人性化的参考咨询服务，并且提高了文献信息资源的共享化程度。

第二，对设施资源的管理。图书馆设施资源包括馆舍、电子设备、日常办公用品、资金等对于馆舍的管理，按照国家相关的规定执行，必须保证馆舍的质量过关，尤其在地震多发的地区建立的图书馆要特别注意这一点。在图书馆内安装防火、防潮、防盗等器械，并定期进行维护和维修，以保证图书馆财产的安全。对于电子设备，图书馆需要安排专业人员进行日常维护和维修工作，保证图书馆内的电子系统能够正常运行。对日常办公用品的管理，这个就比较简单一点，一般都是要求大家平时对办公用品的使用要爱护一点、不能私自拿走图书馆的办公用品。对于资金的管理，图书馆应设有管理财务的部门，专门负责图书馆各种资金预算、分配等工作。

第三，对人力资源的管理。首先，建立完善的用人机制，不断优化图书馆人员队伍，提高馆员素质；其次，进行人本管理。根据马斯洛需要层次理论，对于一个社会人而言，进行人本管理，将会使雇员和雇主之间相互受益；最后，图书馆实行目标管理和绩效管理。这样有助于提高图书馆的管理效益和图书馆馆员的工作激情。

第四，对财力资源的管理。图书馆财力资源管理的目标是图书馆财务活动所希望实现的结果，是评价图书馆理财活动质量的基本标准，是图书馆财务实践、财务决策的出发点和归宿，也是图书馆财务管理的行为导向，图书馆的一切财务活动都是围绕这个目标进行的。图书馆财力资源管理的目标是努力增收节支，合理安排支出结构和控制经费支出，提高资金使用效果，充分利用有限的资金。

第二章　大数据推动图书馆发展的思考

第一节　大数据理念解读

"大数据，作为 IT 行业近几年兴起的热词和新技术，正以它独有的魔力影响着我们的生活和思维方式。[①]"大数据来自数据量的自然累积和增长，是存储器价格、中央处理器处理能力、互联网带宽发展和网络接入设施数量等因素综合作用的结果，是海量存储、数据仓库与数据挖掘、数字图书馆、云计算、物联网和社会性网络等技术发展的自然延伸。换言之，没有海量数据的不断泛滥就不可能出现大数据技术。对于除计算机行业之外的诸多行业而言，大数据技术的价值在于应用。

一、大数据的概念

大数据是指数据规模大，尤其是因为数据形式多样性、非结构化特征明显，导致数据存储、处理和挖掘异常困难的那类数据集。大数据需要管理的数据集规模很大，数据的增长快速，类型繁多，如文本、图像和视频等。处理包含数千万个文档、数百万张照片或者工程设计图的数据集等，如何快速访问数据成为核心挑战。

大数据是人类活动的产物，来自人们认识世界与改造世界的过程中，是生产与生活在网络空间的投影。通常将其归纳为 5 个 V：Volume（数据量），Variety（多样性），Value（价值），Velocity（速度），Veracity（真实性）。

第一，数据容量巨大。Volume 代表数据量巨大，一般说来，超大规模数据是处在 GB（即 10^9）级的数据，海量数据是指 TB（即 10^{12}）级的数据，而大数据则是指 PB（即 10^{15}）级及其以上的数据。随着存储设备容量的增大，存储数据量的增多，容量的指标是动态变化的，也就是说，还会增大。下一代计算机存储单位还会出现 BrontoByte、GegoByte 等存储单位。

第二，数据类型多。Variety 代表数据类型繁多，由于大数据主要来源于互联网，所以大数据包含多种数据类型。例如，各种声音和电影文件、图像、文档、地理定位数据、网络日志、文本字符串文件、元数据、网页、电子邮件、社交媒体供稿、表格数据等。其中视频、图片和照片日志为非结构化数据，网页为半结构化数据。

第三，价值密度低。数据价值密度低，以视频为例，连续不间断监控过程中，可能有

---

① 江云：《再论大数据在我国图书馆的应用及推进》，载《情报科学》2015 年第 10 期，第 99 页。

用的数据仅有一两秒，难以进行预测分析、运营智能、决策支持等计算，通常利用价值密度比来描述这一特点。随着物联网的广泛应用，信息感知无处不在，信息海量。如何通过强大的机器算法更迅速地完成数据的价值提纯，是大数据亟待解决的难题。

第四，数据传播迅速。实时数据的数据变化很快，可以通过快速处理数据，进而创造真正的价值。传统技术不适于大数据高速储存、管理和使用。因此，应研究新的方法。如果数据创建和聚合速度非常快，就必须使用迅速的方式来揭示其相关的模式和问题。发现问题的速度越快，就越有利于从大数据分析中获得更多的机会与结果。

第五，真实性。真实性是指数据是所标识的，而不是假冒的。不真实的数据需要清洗、集成和整合之后才可以进行分析。也就是说，采集来的大数据不能保证完全真实性，但大数据分析需要真实的数据。

二、大数据的特性

第一，价值性。数据具有价值，但数据价值密度低。价值依靠数据分析与数据挖掘来获得。

第二，非结构性。非结构化数据是指在获得数据之前无法预知其结构的数据，目前所获的数据大部分是非结构化数据，而不再是纯粹的关系数据，传统的系统对这些数据无法完成处理，从应用角度，非结构化数据的计算是计算机科学的前沿。大数据的高度异构也导致抽取出合适数量的语义信息的困难。如何将数据组织成合理的结构是大数据管理中的一个重要问题。大量出现的各种数据本身是非结构化的或弱结构化的，如，图片、照片、日志和视频数据等是非结构化数据，而网页等是半结构化数据。大数据大量存在于社交网络、互联网和电子商务等领域。

第三，不完备性。数据的不完备性是指在大数据条件下所获取的数据常常包含一些不完整的信息和错误的数据。数据的不完备性必须在数据分析阶段得到有效处理，而处理方法研究是一项困难工作。

第四，时效性。大数据处理速度非常重要。数据规模越大，分析处理时间就会越长。如果设计一个专门处理固定大小数据量的数据系统，其处理速度可能会非常快，但并不能适应大数据的要求。在许多情况下，用户要求立即得到数据的分析结果，需要在时间、处理速度与规模的折中考虑，并寻求新的方法。

第五，安全性。由于大数据高度依赖数据存储与共享，必须考虑寻找更好的方法来消除各种隐患与漏洞，才能有效地管控安全风险。数据的隐私保护是大数据分析和处理的一个重要问题，而隐私保护既是技术问题也是社会学问题，对个人数据使用不当，尤其是有一定关联的多组数据泄露，将导致用户的隐私泄露。因此，大数据安全性问题是一个重要的研究方向。

第六，可靠性。可以通过数据清洗、去冗等技术来提取有价值数据，实现数据质量高效管理以及对数据的安全访问和隐私保护已成为大数据可靠性的关键需求。因此，针对互联网大规模真实运行数据的高效处理和持续服务需求，以及出现的数据异质异构、无结构乃至不可信特征，数据的表示、处理和质量已经成为互联网环境中大数据管理和处理的重要问题。

大数据时代对人类的数据驾驭能力提出了新的挑战，也为人们获得更为深刻、全面的洞察能力提供了前所未有的空间与潜力。

第二节　大数据对图书馆发展的影响

在大数据环境下，图书馆在资源、用户、馆员、服务、管理、设施、业务等方面都发生了变化。大数据既是图书馆创新发展的良好机遇，也使图书馆面临前所未有的挑战。

一、大数据对图书馆资源的影响

大数据使图书馆资源的数量和结构发生了重大变化。在大数据环境下，图书馆的资源可以得到无限拓展，除了自身所拥有的大量数字资源外，高速增长的数字资源，日益普及的互联网和移动互联网以及云计算、射频识别、语义网、社交网络等新技术的应用提供了更广泛的数据来源。图书馆资源大数据由两部分构成：一是馆藏资源大数据（现实资源）；二是网络资源大数据（虚拟资源）。图书馆所拥有的任何资源都可以被视为某种"数据"，都可以被表征、解析、链接、交互、融会。数据化、语义化、碎片化和关联化成为大数据时代图书馆资源的最大特征。各类图书馆资源通过著录、标引、解析、链接等一系列加工和组织，可以实现数据化和知识元化解构、重组与关联，形成新的资源空间。这些资源中，全文本、图像、声音、影视、超媒体等非结构化复杂数据将成为图书馆大数据的核心。

二、大数据对图书馆用户的影响

大数据对图书馆用户的影响主要体现在用户数量、用户结构和用户需求变化三个方面。在基于互联网和移动互联网的大数据环境下，所有网民理论上都可能成为某个图书馆的用户。这不仅是用户数量上的简单扩张，其价值更多地体现在用户网络及其关联上。随着图书馆用户数量的拓展，用户在文化层次、需求层次、年龄层次、素养层次、职业差异、兴趣爱好等结构上也会发生巨大变化。图书馆用户大数据的关键问题不在于数量和结构本身，而在于因数量和结构引发的关联改变。大数据对图书馆用户最大的影响是需求内容的变化，用户对图书馆资源和服务的需求已远远超出了简单的数字化资源获取和网络化资源存取。

在大数据环境下，图书馆到了必须给其资助机构更多说服力来证明自身存在价值的时候。图书馆用户流失及价值分析已成为大数据时代图书馆界关注的重要问题。这说明在大数据环境下，图书馆的结构化数据资源及其基本服务已无法满足用户的新需求。

三、大数据对图书馆馆员的影响

数据科学家的主要工作就是从大数据中找出有用的信息，美国学者对图书馆馆员在大数据环境下的角色和专业技能做了调查与设想，认为图书馆可以在大数据时代承担起"数据管理"这一职责，但目前绝大多数图书馆馆员还不具备数据科学家必备的素质。

随着大数据时代的到来，个性化服务、知识服务、嵌入式服务、精准知识服务、智能服务、增值服务、智慧服务和大数据服务等成为图书馆服务创新发展的趋势，图书馆服务开始向数据分析、数据挖掘等数据服务转变。图书馆大数据资源的扩展、用户需求的变化和图书馆服务要求的提升，对馆员素质提出了挑战。大数据对图书馆馆员的最大挑战在于指导用户处理海量数据，从中挖掘和提取关键信息并获得知识，而用户与图书馆馆员的信息素养和数据素养差距正在缩小。图书馆馆员只有掌握了数据处理和数据分析能力，才能揭示大数据中蕴含的价值，通过大数据技术挖掘出更多、更深、更全的信息，满足用户的个性化知识需求。因此，面对大数据，图书馆馆员需要重新定位角色。

为了应对这一挑战，部分大学已经开设了大数据相关课程和研究方向来适应大数据发展的需要。另外，不少大学图书馆和研究机构开始设立专门岗位进行大数据管理，如数据图书馆馆员、数据服务图书馆馆员、数据监护图书馆馆员、数据分析员、科研数据图书馆馆员等。

四、大数据对图书馆服务的影响

大数据对图书馆服务的影响主要体现在三个方面：一是服务内容；二是服务方式；三是服务平台。从服务内容来看，大数据环境下，图书馆能够提供个性化服务、知识服务、嵌入式服务、智能服务、增值服务、智慧服务和数据服务等服务内容和服务方式，而这些都需要图书馆大数据平台支撑。

（一）图书馆的个性化服务

个性化服务也称为精准服务、定制服务、推送服务、推荐服务和特色服务等。个性化服务是大数据时代图书馆最重要的服务模式。个性化服务是图书馆根据用户的特定需求而特别定制的服务，也是图书馆服务长期以来追求的目标。个性化服务包括服务时空的个性化（在用户指定的时间和地点提供服务）、服务方式的个性化（根据用户个人爱好或特点提供服务）和服务内容的个性化（根据用户需求提供定制的服务内容）。图书馆有大量的用户行为数据，如联机公共目录检索系统帮助（OPAC）查询日志、借还书日志、电子资源检索浏览下载及数据库访问日志、图书馆网站访问流量及社交网络等数据，通过用户大数据挖掘和分析，可以发现某个用户或群体的兴趣和行为规律，从而定位用户需求，为用户提供个性化精准服务。图书馆大数据平台能对用户的个人信息、借阅历史、浏览记录等数据进行挖掘和分析，为用户提供信息推送、参考咨询、学科服务、好书推荐等个性化服务。

（二）图书馆的知识服务

知识服务是图书馆面向用户的特定需求，运用大数据技术（如关联分析技术、推理技术、语义检索技术等）对图书馆的数据进行处理，为用户精准提供解决问题所需知识的服务过程。从本质上来看，图书馆是一个知识发现和服务系统，并且在不断地更新知识服务内容和形式。随着大数据时代的到来，图书馆以数据挖掘和分析为基础，在知识服务的内容和形式上不断创新，发生了巨大的变化。以用户大数据为基础，图书馆可以开展用户知识需求预测和用户行为智能分析，并辅助图书馆资源采购和资源配置，开展个性化服务；以资源大数据为基础，图书馆可以构建新型知识搜索引擎，关联图书馆资源与用户需求，提供一站式知识搜索、资源与服务推荐、多维度资源获取等知识服务；以图书馆综合大数据为基础，图书馆可以开展数据处理、数据挖掘和数据分析等知识服务内容，为图书馆管理和决策服务，提升图书馆的服务水平和层次。

（三）图书馆的嵌入式服务

嵌入式服务是图书馆以用户的多样化需求为导向，将服务融入用户的工作、教学、科研、学习和生活等过程的服务模式。嵌入式服务包括嵌入用户空间（即实体物理空间和虚拟空间）和嵌入服务过程（包括科研、教学、工作、学习和生活等过程）。大数据环境下，图书馆的嵌入式服务内容主要有用户需求分析、研究项目查新、研究力量调查、前沿热点分析、规律趋势预测等。例如，高校图书馆提供的嵌入式学科服务，利用图书馆掌握的庞大数据资源和专业信息分析技术为用户提供高效、专业的学科服务，将用户、学科馆员、动态数据和数据分析工具四个方面的因素关联起来，提高学科服务效率。

（四）图书馆的智能服务

智能服务也称智慧服务。图书馆智能服务包括运用智能技术对海量数据进行深度挖掘、创造，运用智能技术、工具、平台处理大量非结构化、半结构化数据，为图书馆智能决策服务，促进图书馆的资源整合、知识整合和服务整合。在大数据环境下，图书馆可以通过多维度对用户大数据、资源大数据进行融合、组合、挖掘和知识分析，建立智能服务环境，为图书馆数据管理、数据决策、数据服务和数据创新提供智慧服务。例如，中国知网（CNKI），推出"智能检索"（全球学术资源发现）新产品；超星公司推出了"知识发现"等智能工具，为用户提供智能知识服务。

（五）图书馆的增值服务

大数据技术、大数据分析和智能服务是图书馆实现增值服务的最佳方式。大数据环境下，图书馆通过收集、处理大数据及引入大数据处理技术，对融合后的海量数据进行深入挖掘和智能分析，发现图书馆大数据背后潜藏的知识及其关联，帮助用户快捷获取所需知识与服务，实现大数据利用、增值和再创造。图书馆的增值服务可以通过提供知识化、智能化、个性化、精准化、嵌入式服务和数据服务等方式来实现。

（六）图书馆的数据服务

图书馆的数据服务主要是对图书馆资源、用户、管理、服务、业务等数据的深度挖掘和智能分析，从大量的、不完整的、有噪声的、模糊的和随机的数据中，提取潜在的有价值的信息和知识的过程，为图书馆管理、决策和服务以及用户获取资源提供帮助。数据挖掘技术对经过预处理的海量数据进行深度挖掘，可以更好地服务于图书馆的管理决策和读者服务。如利用决策树挖掘方法对读者信息、借阅数据和图书信息进行挖掘，可以发现不同类型读者的借阅需求；利用关联规则分析方法对读者信息、读者浏览记录、读者下载记录、数字资源信息等进行挖掘，可以揭示读者与数字资源浏览下载行为之间的关联规律。

大数据环境下，图书馆可以通过提供个性化服务、知识服务、嵌入服务、智能服务、增值服务和数据服务等服务内容和形式重构图书馆服务体系，提升图书馆服务质量和水平，提高图书馆资源利用效率和用户满意度。

五、大数据对图书馆管理的影响

图书馆管理包括资源管理（财、物、设备、信息等）和人员管理（馆员管理和用户管理）。

在大数据环境下，"一切皆数据""一切皆服务""一切皆读者"已成为图书馆发展的一种新思维和新思路。图书馆管理不再是单一资源和要素的管理，而是综合管理，将资源、馆员、用户、服务、技术、设备和制度等要素建立联系，构建图书馆综合智能管理、决策和服务体系。经过数据优化管理，大数据必将促进图书馆数据管理、数据分析、数据使用及数据服务的深层次变革。随着图书馆资源（将本馆资源与互联网虚拟资源融合为一体，建立面向解决复杂问题的资源整合、加工大数据资源观）、技术（构建和完善数据采集、信息处理、组织架构、知识挖掘、分析预测、结果呈现、智能服务等技术体系）、服务（面向全社会、提供全资源、开展多元化服务，如精准服务、推送服务、个性化服务、移动服务、知识服务、数据服务、智能服务、增值服务、嵌入式服务等）、馆员（成为数据分析专家和数据科学家，了解大数据关键技术、熟悉各种数据分析工具和软件、掌握图书馆大数据）、用户（需求内容和需求方式不断变化）、设备（分布式存储和分布式计算）等要素的变化，图书馆管理也会不断变化，同时也对图书馆管理人员提出了更高的要求。

管理数据化是大数据时代图书馆管理发展的必然，精准管理是大数据时代图书馆管理的新常态。图书馆管理建立在对大数据进行挖掘和分析的基础之上，以数据和用户为中心，不断创新管理体制、管理方法、管理方式，进行动态管理，创造性地开展大数据服务。同时，利用大数据可以加强各馆之间的信息沟通与交互，实现馆员和资源最优配置，实现精准管理，降低服务成本，发挥资源效用，实现效益最大化。

六、大数据对图书馆设施的影响

大数据技术是一项颠覆性技术，为图书馆提供一种技术解决方案，助力海量数据的网络应用，并释放复杂数据中的智能。在大数据环境下，基础设施决定了图书馆的数据存储能力、计算能力和处理能力。图书馆大数据平台包括体系架构、计算模型、数据模型、智能辅助决策模型、性能优化模型及知识服务模型。复杂异构数据处理、存储、关联挖掘、检索查询、分析理解、智能服务等都需要先进的大数据存储和处理基础设施。

从技术上来看，大数据技术是从海量数据中快速高效地挖掘出有效信息的综合性技术，包括两项关键技术：平台分布式文件系统和大数据存储服务（Hadoop，大数据分析）和高性能并行计算和大数据处理服务（MapReduce，计算框架），能够实现对结构化数据、非结构数据和复杂数据的快速处理和分析，这些都必须基于大数据基础设施才能实现。例如，图书馆常用监控服务器、网络监控器、视频监控系统、用户阅读终端、可穿戴阅读设备和读者管理系统等设备采集数据。

七、大数据对图书馆业务的影响

图书馆资源、用户、技术、设施、服务等的变化引发了图书馆业务流程的变化。随着大数据时代的到来，图书馆将重点围绕资源大数据和用户大数据等的产生、存储、分析、利用、决策等展开业务流程。数据管理是大数据环境下图书馆业务的核心，图书馆的业务将围绕大数据管理进行调整和重组，建立大数据技术与图书馆资源、馆员、用户、服务和管理之间的关联。例如，中国药科大学图书馆图书与信息中心基于大数据流向构建了"大数据业务456模式"。越来越多的图书馆将基于数据重组业务流程以适应大数据发展的需要。

第三节　大数据环境下图书馆的创新发展

"大数据与图书馆的结合是必然的。一是因为图书馆行业对信息技术有着其他行业不可比的敏感性和依赖性。从图书馆集成系统到电子馆藏到图书馆新形态，都是图书馆不断与新技术深度结合的产物。二是因为数字图书馆本身就是一个庞大的数据源。除了图书馆本身大量的馆藏和流通信息外，用户在访问和使用数字图书馆时会不断产生大量信息资源。[①]"在大数据环境下，图书馆将重点围绕数据采集、数据整理、分析挖掘、数据展现、数据应用等数据处理流程，研发或采购大数据管理软件、大数据挖掘分析软件、数据可视化软件、硬件支撑平台等，打造适应图书馆发展的大数据技术平台，形成与传统业务流程深度融合的大数据解决方案。随着资源、服务、用户、馆员、设施、管理与业务等不断变化，图书馆需要重新定位其发展方向。

一、大数据环境下图书馆的资源创新

在"一切皆数据""一切皆资源"理念的指引下，图书馆资源将会得到拓展。大数据时代图书馆的资源创新主要体现在以下方面：

第一，图书馆大数据资源的积累。在大数据环境下，图书馆围绕资源和用户以及业务、服务和管理活动会形成资源大数据、用户大数据、业务大数据、服务大数据和管理大数据，经过不断积累和更新，形成庞大的数据集，是图书馆宝贵的数据资产。

第二，图书馆网络大数据的延伸。随着计算机互联网和移动互联网的不断升级和普及，图书馆在互联网上的大数据资源可以无限拓展和延伸。一部分高度关联的互联网资源可以变成图书馆自身的大数据资源；另一部分则是图书馆的虚拟大数据资源。

第三，图书馆大数据资源的拓展。政府是大数据资源的最大拥有者，政府数据开放已成为一种世界潮流。与此同时，随着数据量的积累，数据存储、管理、安全等将成为大数据时代政府、企业、机构甚至个人的一种巨大负担，需要专业可靠的数据托管机构承担数据保管工作。图书馆作为重要的专业数据管理机构，可以开展数据托管业务，一方面可以拓展图书馆的大数据资源，另一方面可以开发图书馆的数据管理功能，为图书馆发展找到新的生存空间。

第四，图书馆大数据资源的开放。在大数据时代，数据开放与共享已成为一种趋势。图书馆也应加入数据开放与共享行列，一方面享受大数据开放与共享的福利，另一方面可开放自身的大数据资源以造福更多用户。

---

① 刘金哲：《大数据在图书馆中落地的现状、困境和对策》，载《图书馆理论与实践》2020年第3期，第2页。

二、 大数据环境下图书馆的服务创新

在大数据时代，"一切皆用户""一切皆服务"将是图书馆服务的新思维和新理念。互联、开放、高效与便利是大数据时代的特点，大数据挖掘与分析将成为未来图书馆服务的新模式，是图书馆服务创新、转型和可持续发展的新理念和新实践。

提供数据综合服务是图书馆服务发展的重要方向，未来图书馆的一个重要角色就是提供数据服务。数据服务是大数据环境下图书馆服务在内容和形式上的一种创新，其核心价值在于为馆员和用户提供精准的数据，以辅助图书馆管理和用户利用决策。基于数据驱动的智慧服务也是大数据环境下图书馆服务的新内容和新形式。

在大数据环境下，图书馆的服务都是基于大数据挖掘与分析而进行的，数据即服务、分析即服务将成为大数据时代图书馆的主要服务模式，这是一种综合性的集成服务创新，图书馆的服务内容、服务方式、服务系统、用户素养等都将发生巨大变化。服务内容不仅有传统的结构化馆藏数字资源、网络资源、数据库资源，还有大量用户行为、交互产生的分布式、异构化、多样化的数字资源，且这种非结构化的资源在大数据环境下的服务价值将更加凸显。图书馆的服务方式将由被动注意、被动交流转向主动发现、双向互动交流；服务系统更加开放、社会化、人性化。用户的信息素养和要求发生变化，多数用户已经掌握了在网络环境下利用计算机终端、智能手机、掌上电脑、电视等访问数字资源的技术和技巧，其信息要求已由简单的检索、咨询向学科知识导航、个性化定制方向发展。图书馆要对在线文本、图像、音视频、日志、读者行为等数据进行实时更新、采集、抽取、分析、挖掘、去重，提炼出有价值的信息整合存储到虚拟空间，通过大数智能化检索技术给用户提供一站式服务。

同时，为了更好地满足用户的个性化需求，图书馆还要提供基于联机公共检索目录日志、借还书流通日志、浏览下载馆藏资源和网络资源日志的学科知识导航服务、可视化服务、智慧服务等个性化定制或个性化推送服务。例如，清华大学、上海交通大学、上海师范大学等高校图书馆的学科博客服务，就是通过统计、分析，有针对性地为用户推介图书馆的资源与服务，多角度、深层次挖掘学科信息，为用户量身定制服务。图书馆管理者应从顶层设计开始，把"信息的快速获取、信息资源的高效存储、数据的精准分析、数据的智慧化处理"作为大数据环境下数字图书馆发展的战略目标，构建基于大数据资源、技术、服务、管理的新的运行机制，全面提升图书馆的服务能力。

三、 大数据环境下图书馆的用户画像

如何及时、有效、精准、智慧地为读者服务，提高读者满意度，是大数据时代图书馆发展的核心价值，其前提是充分了解读者及其需求，而基于大数据的读者画像能为图书馆全面、真实地了解读者提供有效的手段和工具。

用户画像也称为用户脸谱绘制、用户角色定位，图书馆也称为读者画像。用户画像是以海量数据为基础，抽取与用户相关的数据，从足够多的用户数据中逐渐抽象出用户真实面貌的过程。用户画像可以还原用户真实面目，帮助图书馆精准地定位读者并提供个性化服务，是图书馆精准服务的内容之一。

用户画像的过程就是绘制用户脸谱的过程，即根据用户社会属性、生活习惯和消费行为等数据抽象出一个标签化的用户模型。画像是目标用户的具体体现。画像是真实用户的虚拟代表，是基于一系列真实数据之上的目标用户模型构建。

图书馆的用户基本数据和用户行为数据既包含线上行为数据，也包含线下行为数据，可以通过统一用户系统（读者基本信息数据）、借阅系统（读者借阅数据）、搜索系统（登录数据、搜索历史、操作日志）、门禁系统（入馆刷卡数据）、读者门户系统（读者账号、阅读笔记、阅读历史、收藏信息）等数据完整地勾勒出读者的信息全貌，即用户画像。构建读者画像的核心工作是给读者贴"标签"，通过数据加分析，用若干标签来逐步精准描述一个目标读者的过程，而标签是通过对读者数据进行挖掘和分析得来的高度精练的读者特征标识。基于用户多维标签（如基本信息标签、内容偏好标签、互动标签、会话标签、情境标签等），图书馆能够全面细致地刻画出读者全貌，深入挖掘图书馆大数据资源的价值，为读者提供精准的个性化知识推荐服务，提升基于大数据的图书馆知识服务水平。

四、大数据环境下图书馆的发展定位

21世纪是知识世纪、数据世纪，强调数据力。大数据给图书馆发展带来的影响是不言而喻的，也使图书馆出现了一些新的发展趋势。图书馆在资源、用户、服务、管理、业务、技术、设施等方面发生了一系列变化，是到了应该给图书馆发展重新定位的时候。数据图书馆、智慧图书馆和数据中心将会是未来图书馆发展的新形态。

第一，数据图书馆。数据图书馆和大数据图书馆将是大数据环境下图书馆发展的新形态。图书馆以数据为核心进行数据保存、处理和应用，进而形成具有数据服务、数据出版和数据增值服务的图书馆新形态，即数据图书馆。数据图书馆具备数据资源的采集、筛选、加工、组织与序化、集成与整合、推送、导航与获取、用户服务与管理、知识服务等优势，并能实现图书馆服务的大数据化。数据图书馆的核心任务是构建数据密集型知识服务系统，提供基于大数据的知识服务。数据图书馆将承担开放数据管理与保存中心、开放数据服务、数据监管服务、数据分析服务和知识发现服务等功能。大数据环境下，图书馆有责任与义务扮演开放数据管理与中心的角色，为科学家等用户群体提供开放数据的检索、分析、保存等服务。

第二，智慧图书馆。智慧图书馆是第三代新兴的图书馆发展形态，是基于大数据服务的图书馆发展模式。智慧图书馆主要从数据、平台、服务三个层面构建智慧服务体系，并借助大数据分析技术对用户行为、业务及服务数据进行智慧分析，提供智能服务、知识服务、个性化服务等智慧服务。

第三，数据中心。大数据时代，图书馆将从文献中心、信息中心、知识中心向数据中心转变，承担数据存储、数据保管、数据监护、数据分析、数据开发、数据服务等职能，成为公共数据中心、数据存储中心、数据托管中心、数据开发中心、数据服务中心、数据管理中心、数据分析中心等。随着数据资源的拓展和开发，图书馆甚至有可能成为数据超级市场和数据交易中心。

第三章 大数据环境下图书馆资源管理多元化

第一节 图书馆物力资源管理

图书馆的物力资源指的是图书馆中的"物"，包括图书馆中的一切客观存在物。小到图书馆的每一个文字和符号，大到整个图书馆的场馆建筑。图书馆的物力资源分为传统性资源、现代性资源和辅助性资源。

一、图书馆传统性资源的管理

传统性资源是指图书馆中最原始、最基本的资源，它一直存在于传统图书馆中，是被读者经常利用的馆藏文献资源。

（一）文献资源的建设与管理

文献资源建设是依据文献信息服务机构的服务任务与服务对象以及整个社会的文献情报需求，系统地规划、选择、收集、组织管理文献资源，建立具有特定功能的藏书体系的全过程。它是一定范围内的图书馆及其他文献情报机构对文献资源进行有计划的积累和合理布局，以满足、保障社会发展和国家建设需要的全部活动。

文献资源作为一种知识资源和智力资源，不是天然存在的，而是需要由人去积累和建设的。文献资源建设是文献情报事业的重要组成部分，也是现代图书馆学、情报学、文献学共同研究的一个分支。文献资源建设一般包括两方面内容：一是各文献情报机构对文献的收集、组织、管理、贮存等工作；二是一个地区、一个国家乃至国际间众多文献情报机构对现有文献资源的规划和协作、协调收集和收藏，形成整体资源，即从宏观上制定目标和规划，进行协调和分工，以指导各文献情报机构的文献收集工作，突出各自优势，形成比较完备的收藏，并将其作为集体的资源，共同享用，从而建立起一定范围内的文献资源保障体制。文献资源建设一般包括以下内容或步骤：

1.对现有文献资源状况的调查、分析和研究。主要对一定范围内所藏文献的类型、学科、语种、数量、分布情况、文献利用情况、决策和研究的保障和支持情况、各收藏单位的收藏重点与所形成的特色（强项）等进行详细调查，并对此进行分析研究，为制订资源建设规划提供参考或建议。

2.制订规划，确定目标。在综合考虑文献资源现状、文献需求状况以及其他可能条件的基础上，提出文献资源建设的规划、目标和采用的布局模式。

3.建立有权威的管理或协调机构，确定参加单位，建立协作关系，获得经费保障。对参加单位的数量在原则上不应限制，但参加单位必须具有馆际互借和直接阅览等条件，重点单位应是具有一定收藏特色的义献情报机构。各参加单位一般都要订立协议，确立文献收集的分工合作、资金分配以及馆际互借、资源共享等权利与义务。应有适当经费资助，但不能减少各馆本身的经费或其他渠道的经费。

4.实际进行文献合作采集或分担收集工作。这是文献资源建设的一项主要内容。此外还必须开展相应活动，如确立文献寄存制度、建立贮存图书馆；编制联合目录或建立计算机联机联合目录数据库；建立计算机化的文献采购系统、文献检索系统、馆际互借系统等。

5.文献资源的开发利用和资源共享活动。包括文献报道、查询、阅览、复制，以及文献检索、参考咨询、综合评述等。定期进行文献资源建设评估活动。主要利用各单位馆藏目录或文献数据库，运用一致的标准和方法，对一定范围内的馆藏状况和使用状况进行定量、定性分析，做出评价，找出存在的问题，以便进一步完善。

现代图书馆的文献资源由两部分组成：有形的实体资源和无形的信息资源，即现实馆藏和虚拟馆藏。现实馆藏资源是指本馆拥有的可以为读者提供服务的各种载体形式的各类文献资料的总和，主要包括图书、期刊、报纸等印刷型文献和磁带、光盘、软盘等电子文献，虚拟馆藏资源是读者借助于计算机、网络通信等手段，广泛利用本馆以外网络上的电子信息资源的总和。现代图书馆的文献资源建设不仅包括对有形实体文献资料的入藏，而且包括对网上无形文献资料的收集整理、组织和开发。

（二）馆藏文献资源的管理手段

1.纸版文献资源的管理

图书馆收藏的纸版文献资源主要有中外文图书和报纸杂志两大类型。

（1）馆藏中外文图书的管理。在20世纪八九十年代以前，图书馆的馆藏文献是这样管理的：图书文献采购（采访）到馆后，先经过查点验收，然后进行分类编目及各种加工处理，然后拨交给流通服务部门。流通服务部门完成新书的排架、上架工作后，才能流通借阅。在图书的分编加工过程中，要手工印制两套纸质目录卡片。一套供公务使用，称为公务目录；一套供读者查询使用，称为读者目录。公务目录和读者目录可按照书名排列成书名目录，又可按照图书的分类号排列成分类目录。而且要有目录柜、目录室等设施。

进入20世纪90年代以后，随着计算机技术和网络技术在图书馆的普遍使用，图书馆的馆藏管理有了新的变化。图书文献采购（采访）到馆后，经过查点验收，然后进行分类编目及录入电脑、打印等加工处理，然后拨交给流通服务部门，进入流通借阅。图书的分编过程中不再需要印制纸质目录卡片，不再需要目录柜、目录室等设施。图书在经过分类编目、录入电脑后，即形成图书馆藏数据，读者使用电脑就可以查询图书馆的馆藏文献，而且可以通过分类号、书名、主题词等不同的途径来查询馆藏文献资源，十分方便。但是，这种新的现代化管理方式也有不足之处。比如，一旦出现停电或电脑、网络故障，就不能查询馆藏文献，也不能进行分类编目、录入等业务工作。

随着以人为本的理念越来越深入人心，图书馆的馆藏管理也越来越体现出以人为本的人性化管理。很多图书馆过去是闭架借阅服务，现在改为开架借阅服务；过去只能在馆内阅览室阅览报纸杂志，现在很多图书馆实行图书借阅与馆内阅览一体化服务。读者可以在书库内随意阅览各种馆藏图书。然而，全开架的管理和借阅服务方式虽然方便了读者，但是管理工作量增加了很多，图书的破损和流失率也是比较高的。因此，在图书馆馆藏文献资源管理工作中，为了既便于读者借阅和阅览，又有利于管理和保护馆藏文献资源，减少馆藏图书的破损率和流失率，图书馆应该实行有限制的开架管理和借阅服务。比如，规定一个库室内最多同时可以接待多少读者。此外，有些珍贵的文献资料，如珍本、善本、古籍图书等，不应该开架借阅和阅览。有些复本量很少的图书也不应该开架借阅和阅览。因为复本量很少的图书，如果开架借取和阅览，一旦破损或流失，就成了图书馆馆藏文献难以弥补的损失。

（2）馆藏报纸杂志的管理。报纸杂志也是图书馆重要的馆藏文献种类。图书馆的报纸杂志一般是由图书馆的报纸阅览服务部负责订购和管理。所订购的报纸杂志到馆后，先进行记到处理，然后上架，供读者阅览。图书馆的报纸杂志一般都是开架管理，馆内阅览。当一年的报纸杂志到齐以后，经过整理和登记造册，要么由图书馆自己装订，要么送到专门的厂家去装订。报纸杂志装订好以后，也要进行分类编目和录入电脑等加工处理，然后收藏在报刊过刊库内。报刊过刊一般可以开架阅览，但是一般不外借。

2.电子版书刊文献资源的管理

目前图书馆的电子版书刊文献资源是很多的。图书馆的电子版文献资源，由图书馆采编部门采购（采访）以后，放在图书馆的网页上，读者只要登录图书馆网站，就可以阅览、利用这些文献资源。图书馆的电子版文献资源的管理，不需要多少人力和物力，读者只要有上网的条件，就可很方便地利用。

3.各种音像文献资料的管理

图书馆还有光盘、录像带、磁带、幻灯片等各种馆藏文献资源。其中的光盘、磁带等，有些是随书发行、随书订购的，有些是单独发行、单独订购的。图书馆可以在专门的视听室为读者播放这些音像资料。当读者需要借用这些视听音像资料时，应该进行认真登记，当读者还回这些文献资料时，应该进行认真查验，以免使这些文献资料受损。

（三）图书馆文献资源的布局管理

l. 科学合理

图书馆的馆藏文献布局不仅要方便读者，而且要科学合理。图书馆的馆藏文献布局必须考虑图书馆的建筑承载力等问题。如果建筑承载力小，书库就不能设在高层。即使书库要设在高层，书库的面积也不能太大，入藏的书刊文献也不能太多。

图书馆的馆藏文献是按分类体系（分类法）分类管理的。在决定馆藏文献布局时，先要考虑把不同类型、不同文种的文献分开，分门别类地进行管理。如果报纸和期刊、现刊和过刊、中文期刊和外文期刊、中文图书和外文图书等不同类型的文献同置一室，或者在一个书库内，相同或者相近学科的文献不在一起，而不相同或者不相近的学科的文献却在一起，例如，哲学类的图书和工业技术类的图书在同一个书库内，那么这样的馆藏文献布局显然不是科学的、合理的。

图书馆是一个人群密集的公共场所，为此，在决定馆藏文献布局时，还要考虑公众安全问题。为了在发生意外险情时便于紧急疏散人群，读者密集的阅览室不能设在图书馆的高层。

2. 方便读者

图书馆的馆藏文献布局首先要考虑最大可能地方便读者。以高校图书馆为例，每天到图书馆的阅览人次要比借阅人次多得多。每天阅览室的开放时间也要比借阅处的开放时间长很多。有的学生在上课前或课间休息时，也会跑到阅览室里来翻一翻报纸或期刊。因此，为了方便读者阅览，中文报刊阅览室应该设在图书馆的下层。

一般而言，读者到图书馆来借阅或阅览是有目的的，或者说是有针对性的。有的读者来阅览报纸，有的读者来阅览期刊，有的读者专门借阅或阅览他们所需要的一类或几类书刊文献。例如,学习或者研究社会科学的读者，一般要借阅或阅览社会科学类的书刊文献，而学习或者研究自然科学的读者，一般要借阅或阅览自然科学类的书刊文献。因此，为了便于满足读者不同的需要，图书馆的馆藏文献应该尽可能地按照文献类型分开，不要使不同类型的文献同置一室。应该分别设立报纸阅览室、期刊阅览室等。应该把现刊和过刊分开，把图书和报刊分开，把中文书刊和外文书刊分开。

高校图书馆的中文书刊馆藏数量比较大，应该分别设立现刊的社会科学（社科）期刊阅览室和自然科学（自科）期刊阅览室，过刊也应该分设社科过刊库和自科过刊库，并且要和现刊阅览室相对应，同设在图书馆的下层。

外文期刊的馆藏数量比较少，读者也比较少，可以把外文期刊的现刊和过刊放在一起，既便于读者查阅，也便于管理。由于外文期刊的读者量少，应该把外文期刊阅览室设在图书馆的高层。

中文图书是各类图书馆的主要馆藏文献。为了方便读者借阅和阅览，每个中文书库内的图书种类不宜太多，以每个库平均入藏四个大类左右的图书为宜。专业图书馆应该建立核心馆藏或重点馆藏专业书库。例如，理工类大学图书馆应该建立工业技术专业书库，而农林大学则应建立生物科学、农业科学专业书库。

外文图书是高校图书馆的重要馆藏文献类型之一，应该设立外文书库。但是，外文图书的读者量少，可以把外文书库设在图书馆的高层，最好和外文期刊阅览室设在同一楼层。

有的图书馆设有基藏库，而有的则不设。有的基藏库入藏每一种图书，而有的则是有重点地入藏。为了能使读者查阅到所需要的图书资料，应该建立基藏库。基藏库要着重收藏有价值的以及和本校所有专业关系密切的文献。由于基藏库的图书不外借，所以基藏库应该设在图书馆的高层。

图书馆的馆藏目录是揭示馆藏内容的重要文献，是读者利用图书馆的主要工具。为了满足读者的需要，图书馆既要有先进的机读目录，也要有传统的卡片目录。这是因为一旦出现停电或者机器故障等情况，读者就可以使用卡片目录。此外，操作电脑不熟悉的老年读者，更适合使用卡片目录。再有就是读者很多，电脑不够用时，读者可以使用卡片目录。为了便于读者查阅，目录室应该设在图书馆的下层。

在当今信息时代，互联网是人们获取各种知识和信息的重要工具。因此，图书馆的网页设立显得尤为重要，既可以选择网上阅览、查询，又可以远程访问。

为了使读者观赏电子影视资料、阅读电子图书和电子期刊等，图书馆应该设立电子阅览室。电子阅览室是应用高科技新技术的新型服务设施，很具有吸引力，读者很多。为了方便读者，电子阅览室应该设在图书馆的下层。

3.便于管理

在决定馆藏文献布局时，应该考虑什么样的馆藏文献布局既能够最大可能地方便读者，又能够最有利于管理。图书馆搞好管理的目的是能够更好地方便读者，更好地为读者服务。如果图书馆的管理工作搞不好，就不可能方便读者，也不可能很好地为读者服务。先以期刊管理工作为例，有的图书馆使用架柜合一的期刊架，上面放现刊，下面（或者后面）放当年的过刊，让读者随意取阅。这样看起来似乎很方便读者，其实不然。因为有的读者会把过刊放到现刊架上，或把现刊放到过刊柜里去，还有的读者会把这个柜里的过刊放到那个柜里去。这样一来，当有的读者要查阅自己所需要的某种过刊时，就很难查找到了，这种状况自然也是很难管理的。再以图书管理工作为例，如果书库的面积太大，入藏图书种类太多，对于可以入库的读者而言，也难以查到他们所需要的图书。对于图书馆的工作人员而言，如果书库面积太大，找书、上架、清洁卫生等管理工作自然也就更困难了。

二、图书馆现代性资源的管理

（一）图书馆现代性资源的收集管理

随着互联网与信息技术的发展，图书馆的文献资源采集与引进一直在不断扩大其关注范围，数字化馆藏资源的比例得到提升，新资源类型也受到图书馆越来越多的重视，图书馆馆藏朝着多元化的新方向不断发展。

1.新资源类型的收集。随着计算机技术、通信技术、多媒体技术的快速发展，图像、语音和视频等非文本性多媒体资源越来越丰富，学术性多媒体资源受到越来越多用户的青睐并且付诸使用，收集与保存多媒体资源成为图书馆构建多元化馆藏的一项举措。

2. 网络资源的收集。由于网络技术与网站信息的不断发展和丰富，网页资源的采集逐渐受到了图书馆的重视。图书馆开始收集和整合大量的网页资源，并构建统一的揭示与检索平台。

3. 研究数据的收集。受学术界关注"可复用性"研究数据的影响，图书馆纷纷将研究数据的收集、管理与保存作为馆藏发展的创新焦点，并强调数据集的重用价值与标引标准。

（二）现代性文献资源建设及其途径

l. 现代性文献资源建设与管理

（1）不同载体文献资源的合理配置。馆藏资源建设是图书馆赖以支持教学、科研和生产，满足读者需求的基石，在馆藏资源建设中应注重采集不同载体的文献资源，让它们相互依存、优势互补。为此，应做到两点：第一，围绕读者需求，继续抓好对传统纸质文献的主导性采集；第二，加大对磁、光、电等新介质文献的收藏力度，多元文献载体的生产状况决定着读者对文献载体多样化的需求，进而要求馆藏文献载体的购置应呈现多元化。

（2）馆藏资源与网络资源的有机结合。在网络环境下，每个图书馆都不再是一个孤立的知识宝库，而是整个网络系统中的一个节点，任何幻想离开网络资源单凭有限的本馆资源服务于读者都是不现实、不符合时代发展潮流的。因此，应注意一方面立足本馆资源的建设，另一方面大力开发、利用网络资源。对此，应采取以下措施：

①馆内协同。在网络环境下，图书馆内各门的工作日益呈现协同的趋势。因此，采访部应自觉与馆内各部门紧密协作，共同搞好馆藏资源的采集与利用工作。第一，继续抓好本馆书目数据库的建设，以提高本馆资源的利用率；第二，与技术部、信息部协同抓好培训、服务及导航库的建设工作，以有效开发、利用网络资源。

②馆际协同。资源采集上的馆际协同是资源共建共享的客观要求，也是缓解经费短缺的必由之路。目前，在采集上的馆际协同主要有两种形式，即馆际互借和协调采购。前者有赖于网络的发展及规章制度的建立，后者有赖于地区性联合采编中心的建立。

③资源共建共享。资源共享是对信息资源配置的合理调整，是对信息服务工作的优化，是提高资源利用率的有效途径。现代意义的资源共享有着更为广泛而深刻的内涵，其最突出的特征是一种建立在资源共建基础之上的资源共享。在网络化和数字化信息资源建设高度发展的今天，资源共建共享已成为世界各国文献信息服务事业发展的一种潮流。现代网络技术和信息处理技术的发展为图书馆开展以资源共享为主要方式的信息服务创造了十分有利的条件，全方位的信息资源共享是网络时代图书馆发展的根本出路。图书馆之间加强合作，不仅可以协调采购，避免资源的重复购置，避免馆藏文献电子化或数字化的重

复开发，而且可以通过网络实现各馆印刷版和其他载体文献资源的共享，从而提高文献信息资源的可获知能力和可获得能力，达到提高信息资源综合开发利用能力的目的。

2.现代性文献资源建设的途径

（1）传统馆藏文献的数字化。对于本馆特色的馆藏，可以自己购买设备进行数字化，对于很多图书馆都需要数字化的馆藏，可以先选择一家进行数字化然后进行共享，也可以多家图书馆合作完成，降低数字化制作成本。

（2）数字化文献资源的采购。有计划、有针对性地购买电子出版物，是建设数字化文献资源的有效途径。早几年图书馆购置的电子出版物主要是检索性的数据库光盘，近年来电子出版物有了突破性的发展。

（3）馆藏的延伸。迅速发现和利用网络上的文献信息，延伸自己的数字化馆藏，是未来图书馆的主要功能之一。网上资源的收集和组织利用，是较为省事和省钱的途径。国际互联网上分布着越来越多的图书、期刊、报纸以及其他多媒体出版物，但是这些出版物多数是出版社单独发行的，各有各的网址，用户要逐一搜寻地址，然后再访问，比较麻烦。数字图书馆要发挥传统图书馆收集的功能，把这些图书、报纸和期刊等资源网址挖掘出来，通过网上图书馆建立导航站，让用户进入主页后产生"藏书万卷"的感觉。

（三）图书馆发现系统平台的管理

发现系统，是近年来出现的一种整合数字文献信息资源的新方式，在跨库检索、信息导航系统、基于OPAC的信息整合等系统发展的基础上演变而来。它是通过在后台预先建立一个集中索引库，然后系统前台提供给用户单一的检索框，以此来实现对各类不同数据库和系统资源的一站式搜索。通过预先收割数据并建立预索引的这种方式，可以一定程度上保障发现系统良好的相关性排序和高效的检索速率。

1.发现系统解决的主要问题

发现系统是通过一个简单的检索接口，在预先索引好的元数据仓库中进行检索，并返回统一检索结果的一类检索服务系统。发现系统能够帮助用户获取数量越来越多、类型越来越复杂的各类资源，并在一定程度上提高图书馆所购买或租用的数据库或检索系统的利用率。

（1）对大量资源数据的分析处理问题。信息资源数据库、电子出版物库、索引数据库等通常都具有非常大的数据规模，这给文献资源的检索和发现带来许多问题。发现系统可以将大量的数据进行提取、过滤、转换、集成，以便从中发现用户所需要的各种信息资源，实现原始数据向有价值资源转化。

（2）对多种类型的资源数据进行分析处理。数字文献数据的特点包括：数据结构无固定结构、数据格式的多形式，包括如文本、音频、视频、图像、HTML页面等。发现系统需要对所有收录的不同类型不同格式的资源进行处理。

（3）能有效组织和管理检索数据。目前发现系统包含的资源数量非常大，需要对系统中进行的检索和检索得到的资源元数据结果进行组织和管理，同时能将检索历史和检索结果集中保存在云端，实现检索服务的云服务模式。

（4）对所发现的资源进行全面分析。根据用户选择的检索条件和策略，所获得资源结果数据必须是可以进行进一步分析和利用的。获得的检索结果可能需要精炼或各方面的分析才能体现其价值。发现系统产生的目的就是为了满足高校学术和科研的信息资源需求，所以对发现系统在学术研究中的应用研究具有极其重要的现实意义。

2. 发现系统的特征

目前，建设和应用各类发现系统的图书馆及信息机构已经超过一万家，通过对发现系统的观察和了解，我们将发现系统的特点概括为以下方面：

（1）云计算技术支撑环境。发现系统普遍都采用 Saas 服务架构作为支撑，将预索引元数据库部署于云端中，由系统服务提供商进行统一更新和维护，此举节省了图书馆建设和使用以及管理发现系统的成本。

（2）资源聚合。发现系统的元数据来源于不同的数据库，其他类型的资源来源于因特网或者各类资源提供商，将这些繁杂的资源记录聚合到标准的预索引数据库中，为用户提供检索服务。资源聚合是发现系统区别于其他检索系统的最显著特点。

（3）检索速度快，查全率、查准率高。发现系统在预先建立元数据和全文索引的支持下，可以在毫秒级时间内完成检索指令，几秒之内就可以将检索结果全部呈现给用户，有效地提升了检索效率。同时发现系统在预先建立元数据和全文索引的过程中，对相关数据进行了规范化、丰富化处理，有效提高了检索结果的查全率和查准率。

（4）优异的检索体验。发现系统为用户提供单一检索框，可以直接输入数据关键词进行检索，也可直接输入多个关键词（用分隔符隔开）进行多关键词的检索，在此基础上对较大的检索结果集还可利用分面聚类功能，进行多维的筛选或精炼，极大地优化了检索体验。检索结果有多种处理方式，可导出、打印或分享到社交网络，以及发邮件等。

（5）全文无缝链接。通过开放链接及相关技术，指定定位电子资源内嵌的许可范围内的全文链接，快捷地获取资源全文，纸质资源则链接至馆藏信息，方便读者了解馆藏位置、借阅信息等。对于未购买的数据库资源，系统还可以将全文获取请求发送到文献传递平台，通过文献传递平台来实现资源全文的获取。

3. 发现系统的类型划分

（1）根据发现系统不同的开发形式，可将资源发现系统归纳为以下类型：

①开发商提供的现有系统：这种类型的系统开发商占据主导地位，开发商直接将已经在使用的成熟的发现系统的产品提供给图书馆，由系统提供商为图书馆进行提供安装和配置等。

②开发商提供二次开发发现平台：这种方式是在系统提供商提供的发现系统的原型的

基础上，根据图书馆自身的特点和需求，对原型系统进行个性化定制和修改，形成一个具有个性化功能的发现系统，图书馆可以根据自身资源覆盖的变化和自身用户需求的变化进行模块的调整、增删资源或提供相应服务。

③图书馆自主研发：自主研发资源发现系统是最贴近图书馆功能实现和用户需要的解决方案。很多具有较强研发实力的图书馆采用这种方式，如清华大学、北京大学、上海交通大学等高校图书馆都已经推出了自身的发现系统。

（2）从发现系统开发商的性质角度来划分，又可以将发现系统分为两大类：

①由数据库服务商推出的系统：这类内容生产商拥有大量的数据资源，都是世界上影响力最大的文摘、索引和全文数据库生产商，甚至自身就是大型的期刊或图书出版商，它们基于检索系统或联邦搜索系统中的技术积累，进一步推出了发现系统，主要代表有WCL、EDS 和 Summon 等。

②由图书馆集成系统开发商推出的系统：这类公司没有自己的数据资源，但它们积极采用和推行开放标准，更加强调资源的开放性和包容性，并且在搜索技术方面有着先天优势。它们在建设大型集中索引时，需要与众多大型的数据库供应商签订元数据收割协议。这类系统的主要代表是 Primo。

三、图书馆辅助资源的管理

除了传统型资源与现代性资源外，图书馆还包括其他的一些元素，比如图书馆的大楼、自习室、阅览室、资料室等。还有图书馆内物品的陈设与摆放、张贴的字画、制作的宣传展板、个性化的寓意和象征设计等，都是图书馆拥有的资源。它们不像传统性资源和现代性资源那样具有明显的存在价值，但它们对这两种资源价值的发挥具有重要的辅助作用，因此，可称之为辅助性资源。它们给用户提供了一定的情境，是存在于图书馆中的一种隐性资源，会对用户产生一种潜移默化的影响。图书馆各种物力资源自身的建设要对图书馆中的物力资源进行整合，必须先加强各种物力资源自身的建设。根据现代社会发展要求、用户需求和图书馆的发展状况，图书馆各种物力资源的自身建设主要表现在要发挥传统性资源的人文优势、现代性资源的知识传播和平台建设功能以及辅助性资源的情境强化功能。

（一）图书馆馆舍的管理

图书馆馆舍的管理主要指图书馆的建筑设计和各部门的布局。

I.图书馆外部环境的管理

这里的图书馆外部环境主要指建筑物造型和地理位置的选择。

（1）图书馆造型设计。图书馆建筑要有自己的特色，既要满足功能上的需要，又要满足读者心理和精神上的需要。在考虑建筑设计时，既要避免采用商业旅游设计手法和片面追求豪华，又要给人以端庄大方、美观气派，具有时代气息和文化教育特色的感觉。当一个读者踏入图书馆大门时，先感知的是整个图书馆建筑造型和图书馆所处的地理环境，它是读者第一印象的蓝本。首先，图书馆建筑造型带给读者是一种美的享受，一种舒适的感觉。这种外在环境能刺激和诱发读者的学习热情，增进学习记忆和正确思考；其次，对图书馆工作者而言，在一个优越的环境里工作和学习，能产生一种自信感和自豪感，从而提高工作者的良好心理素质和业务素质。

（2）图书馆选址。有了优美的建筑物造型，还必须选择一个与之相适应的地理环境。选址的基本原则：一是方便读者借阅；二是地势高爽，环境恬静，自然采光，通风良好；三是周围留有扩建余地。

2. 图书馆内部环境的管理

图书馆内在环境，主要指阅读环境。而阅读环境设计的重点为视觉、听觉的环境设计。环境设计对于读者心理上的效果、读者各种心理现象的产生和视觉起着最基本、最主要、最直接的作用。

（1）视觉设计。在视觉环境设计中，光和色彩又是视觉感受最活跃的因素。光的获得一般可通过自然和人工两种途径，自然获得的光称之为采光，人工获得的光称之为照明。如何使图书馆各区域均能获得理想的光，特别是控制日光，是一个重要课题。在国内图书馆设计中出现了一些好的模式：如带中庭的坐向南北的图书馆建筑设计，这种设计可利用顶部大量的自然采光通风的条件，符合现代化图书馆建筑的要求。实践证明，阅读环境中光的照度高低给人的感觉大不相同，光线明亮，照度适当的光照能引起感官的兴奋与刺激，使人心情愉快。

图书馆利用天然光或人工光形成光环境，可创造舒适明亮的学习环境气氛，从而发挥读者的视觉功效，保障视力健康和人身安全，振奋精神，提高阅读效率，满足生理心理功效及安全要求。图书馆窗的采光首先是根据建筑采光标准，规定采光系数，随后确定窗的形式、位置、大小、材料、构造。窗的位置、大小及室内空间布置特别影响室内的采光，因而显著地影响室内光环境。色彩在人们生活中的重要性已不可置疑，而色彩对人的心理影响也是不可估量的。色彩作为组成客观的基本因素之一，在促进人体心理现象的产生和转化方面具有奇特的作用。它对人有一种离心和向心的作用，既可把人的组织器官引向环境，也可把人从环境引向人的内心世界。为此，图书馆建筑在环境色彩运用时务必考虑到这一点。

（2）听觉设计。人的听觉是由声波引起的，声波过强或过弱将影响人的听觉，从而引起人的情感和情绪的变化。听觉环境设计的首要任务是如何避免和减少噪声。由于馆外噪声的声源不易控制，因此只能通过地理位置的选择来避免。但如果在一个比较喧闹的地段建馆时，也可以通过建筑物本身的空间组织加以处理。除此之外，利用围墙或有一定厚度的高绿篱分隔空间，形成内静外闹的不同空间环境，对提高图书馆空间环境的宁静也会起到良好的效果。如果在围墙至图书馆之间的空地上再进行绿化，便能形成一个封闭式的小庭院空间，从而增加空间环境的静谧性。

内部噪声的排除和避免，主要通过建筑设计和图书馆各功能区域的合理安排来解决。从建筑设计上考虑，适用的办法就是将噪声吸收隔断或采用噪声小的各种材料和设备。对于产生一些噪声的区域可采用隔墙、隔音门。另外，适当的平面布局对噪声的排除也能起到良好的效果。如针对图书馆内部各类用房，从声向的角度统一归为安静区、次静区和闹区。然后，将这类区域有所分离和隔断。如将闹区布局在最底层，安静区布局在最高层，对一些要求特别安静的用房设单独的研究厢。在区域面积比较大的阅览室，可采用书架、屏风等各种隔断来减少噪声的影响。

总之，图书馆是文化建筑，是传播知识信息的重要场所，其内外环境设计应具有文化教育的特色，要为读者创造一个安静、优美、清新的学习环境，以适应读者心理效应。

（二）图书馆设备的管理

图书馆设备条件的现代化是管理模式现代化的物质基础。管理模式的现代化是在对现代化设备有效应用的基础上对软件部分的有效开发和利用，使图书馆的知识资源更加高效地满足社会经济和文化发展的需要。由此可见，图书馆设备在图书馆工作中的作用是不容忽视的。

图书馆设备类资产管理作为图书馆管理工作的重要环节，在提升服务效能、增强管理效率、防止资产流失、推动图书馆由传统型向现代化转型发展中，发挥着基础保障作用，建立科学的管理理念，引导管理工作由静态变为动态、由粗放走向精准、由有形延至无形、由看管转化到效能，是现代条件下做好设备类资产管理工作的总体趋势和必然要求。

1.建立动态管理理念，随时掌握资产状态。固定资产并不是"固定"的资产，它形似不动，但状态处在时刻变化当中。原来库存的，经过申请领用开始启用，散布在全馆各部门中；原来属于某个使用者的，随着使用者工作的变动产生了相应的变动；原来使用状态很好的，可能由于时间的推移出现了需要修理乃至入库待报废的状况等。对资产管理引入动态管理的理念，就是突破传统的数量管理方式，置资产的变化于动态掌握之中，在资产的调整和变化过程中达到优化资产配置、提高资产使用效率、减少资产流失的目的。实施动态管理，一是要完善资产的管理制度，以制度的形式明确资产的各责任人的权利与义务。重视领用表、借用表、变更表、处置表在资产动态管理中的作用，完善表内项目设置。二是要完善资产定期盘点制度，做到账实相符，防止资产流失。三是要建立计算机动态管理数据库。借助计算机技术进行有效率的资产管理，包括资产的采购、入库、保管、使用、折旧、报废、租借等种种变动情况，实现资产管理科学化，资产掌握动态化。四是要加强对资产的维修与保养。对损坏的资产要及时进行维护乃至报修，以确保资产的最高使用率。五是要完善资产处置、报废制度对使用部门提起报废的资产要从质量现状和使用时间上严格把关。联合技术部门进行质量评估，符合报废退出条件的资产要由主管领导进行最后审批。六是要实行资产全过程管理制度。首先要制定覆盖资产全过程管理的规章制度；其次要从"实物管理、价值管理、使用部门"三个层面建立相关部门的资产管理制度；最后建立联动的资产管理系统，真正实现数据共享。

2.建立精准管理理念，提升资产管理效能。对图书馆资产实施精准管理，就是抛弃那种"总金额没错既可向上级和财政交差"的粗放式管理理念，将资产管理由"面"精准到"点"，细化到使用人、放置地点、使用状态等具体情况。织成细密的资产管理网络，纵横交错、点面结合，使每份资产都在纵横编织的交点上。

精准管理是对资产流动全过程的管控。当前条件下，精准管理的方式是将手工方式与计算机方式进行有效结合。一是严格执行入库制度、领用制度、报废制度等三个制度。二是建立资产明细账、库存台账这两本手工账。明细账要与财务总账紧密贴合，完全按照总账的分类、排列顺序与金额进行明细登记，方便与财务的定期对账。库存台账不可或缺，按照明细账的种类与顺序，每月对库存资产进行一次实物清点，核实无误后进行登记，在可能的情况下，将资产库存情况在内网公布，方便部门的领用和馆领导对库存总量的掌握。这两本手工账都是资产计算机管理软件必要的补充。三是引入计算机的条形码管理手段：对每件资产都要贴上带有条码的资产标签，并标明在资产计算机管理软件中的编号、资产名称、型号、取得日期、资产自身序列号。因使用过程中，使用人及使用部门这两项要素经常发生变动，所以不必注明。资产盘点时通过扫描资产标签条码，归集扫描结果与总资产进行自动比对，从而保证盘点的准确性，及时发现存在的问题。

3.无形资产理念，拓宽资产管理范围。管理无形资产，既是资产管理人员的责任，也需要图书馆全员参与。图书馆应从内部加强无形资产的核算管理，重视无形资产的核算和评估；应建立无形资产管理责任制度，相关部门应配备兼职人员，进行有效管理；应充分掌握无形资产的特性，资产管理人员要与相关购买和使用部门保持良好的沟通和互动，依照财政部门给出的标准和办法严格管理。

4.管理会计理念，提供资产决策依据。管理会计系统是内部管理系统。预测和决策是核心，二者之间是服务与被服务的关系。在这个内部管理系统中，资产管理员的角色就是"预测员"，职责是定期收集各部门资产需求，进行核实、筛选和确认后集中报送采购部门，列入下一年度采购计划；资产购入后进行持续不断地跟踪记录，包括使用状态和维修情况以及使用者反馈，以此作为再次采购的依据；向相关领导呈报此类资产在馆内分布状态和使用情况，为领导决策提供重要的参考；主动为下属分馆提供"量身定做"的服务，包括定制适合的家具和设备，主动提供资产信息，发现个性化的需求等贴心、到位的服务。时代发展呼唤文化，文化发展为图书馆事业提供了更大的发展空间。在创新理念的引领下，作为图书馆基础配置的资产管理工作，必将为图书馆的事业发展注入无限活力。

（三）图书馆信息共享空间的管理

信息共享空间是图书馆内的一个经过特别设计、适合为读者提供一站式服务和学习小组协同学习的空间环境。

I.信息共享空间的内涵

信息共享空间是存在于实体图书馆内的一个相对独立的物理空间。在现代图书馆建筑设计或布局中，针对不同读者类型、学习风格与研究习惯，营造多个大小适宜、布局合理、设施完备、舒适便捷的信息共享空间实体场所。就像传统阅览室的布置那样，信息共享空间有相对封闭而私密的房间，有桌子、椅子甚至沙发。所不同的是，信息共享空间是为对某一学习主题有共同兴趣的一组读者提供一个在图书馆内一起学习、讨论、分享学习材料与经验的临时、小型的专用学习场所。

信息共享空间是一个虚拟的学习资源共享空间。在一个独立的信息共享空间内，通常会配备一系列学习、研究所需要的通用信息设备，如高效快捷的互联网、功能完善的计算机软硬件设施和内容丰富的知识库（如印刷型、数字化和多媒体等各种信息资源通过计算机桌面导入信息共享空间），从而为信息共享空间使用者提供一个虚拟和实体并存、馆内和馆外交融的一站式共有专业学习平台。

信息共享空间更是一个一站式的信息服务平台。信息共享空间创立的本意是培育读者信息素养，促进学习、交流、协作和研究参考咨询服务馆员、学科馆员以及指导教师可以进入用户约定的信息共享空间，共同为用户（包括个人、小组或学术团队）的学习、讨论和研究等活动提供面对面、交互式的一站式学习、交流、服务支持。

信息共享空间提供了学习和使用信息技术的场所、使用和检索信息资源的场所、在新的学术环境中测试软件和硬件的场所、促进学术发展和创造合作机会的场所以及支持交叉学科研究的场所。

2.信息共享空间的特性

信息共享空间是一个经特意设计的学习、交流、创作和研究环境，是目前国外大学图书馆的信息服务核心，是以最先进的计算机、网络和通信设备为基础，以丰富的知识库、电子资源和教育资源将校园内的学生、教师、技术专家、图书馆馆员、写作指导教师等联合在一起，为读者提供一站式信息服务。信息共享空间具有普遍性、适应性、灵活性和公共性等四个基本特征。

普遍性，即每一台机器都有相同的界面和检索电子资源的软件。整合图书馆内外相关的知识库、电子资源，安装信息检索工具软件以及提供相关帮助学习和使用信息工具。

适应性，即能适应各种用户的需求。通过经常更新计算机、多媒体、网络等硬件设备，利用最新的信息检索和查新技术及相关的图表设计等软件，满足图书馆用户的实际需求。

灵活性，即能适应不断变化的需求环境和技术的发展。通过友好协作与交流，根据现实的信息环境和信息技术的发展，为读者提供相互合作学习和研究的空间，并及时培养用户的信息检索、信息测评、信息使用和计算机操作等能力。

公共性，即能提供共同合作和交流的空间。通过合作和交流，为用户提供高性能计算机、彩色打印机、扫描仪、高清晰显示器以及运行在电脑上的各种软件，并使读者可以直接从图书馆馆员和计算机技术专家以及媒体工作者那里获得比较专业的联合咨询服务。

因此，信息共享空间是一个综合的学习、交流和研究的信息服务环境，是将参考咨询、网络技术服务和多媒体资源结合在一起，为读者提供一个促进学习交流、互动合作、研究创新相对无缝的信息共享环境，具有为用户提供一站式信息服务、提高信息素养和推动研究与学习等三方面的特点。

3. 信息共享空间的发展方向

依据信息共享空间服务目标的不同，它具有五个不同的发展方向：

（1）学习空间。学习空间的核心是把学习作为创建信息共享空间的主要目的，强调通过各种有效手段来促进协同学习的功能定位，这是目前关于信息共享空间最普遍的实现方式。

（2）研究空间。研究空间的核心是把学术研究作为图书馆提供"小众化"特别服务的目标用户，因此它侧重于对研究人员的学术和协作研究进行支持，这种定位或许对研究型图书馆更为适合。

（3）知识空间。知识空间强调对知识获取、共享管理和知识创造活动的支持，不过我们认为，在实体空间上去营造一个"知识空间"并不现实，因为信息共享空间的原意在于从图书馆巨大的通用阅读空间中划分出一个适合小范围用户使用、满足特色用途的区域。而真正要构建任何一个领域的"知识空间"，都有可能需要一个类似图书馆专题阅览室乃至书库的区域才能达成。事实上，类似功能已属于数字图书馆领域在虚拟的知识库建设中探讨的内容，这应该是信息共享空间思想在虚拟化数字环境中的新的应用方向。

（4）校园空间。校园空间是指在大学里把整个校园视为一个开放获取空间，通过校园内各部门及组织间的联合，共同支持学生的协同学习、教育和教师的研究活动在校园空间，图书馆的信息共享空间就像传统教育的基础支持设施一样，是校园共享空间的一个重要的空间形态。

（5）全球信息村。全球信息村强调基于虚拟网络环境，支持人们对知识随时、随地、随需地开放获取与共享。全球信息村更像"地球村"的概念，而不仅局限在一个图书馆或一所学校的范畴来看待信息共享空间的扩展。全球信息村也许就是未来更宏大的"信息共享空间云"的描述。

4. 信息共享空间的主要形式

信息共享空间需要具备提供一站式信息服务、促进信息素养的提高、推动学习和研究等基本功能。如由图书馆员、技术专家提供关于如何利用信息资源的服务，有的还提供远程服务（与其他图书馆合作的服务）和全天候的开放服务等。信息共享空间的服务方式是多种多样的，主要形式有以下三种：①基于网络的宏观共享空间；②带有计算机、外围设备、软件支持和网络构架的高度集中区域的微观共享空间；③依托于各种现代信息技术，利用图书馆文献、专家、馆员等资源，对研究、教学和学习活动进行集成的综合式共享空间。

信息共享空间作为一个场所，既是读者享受知识的空间，也是满足其不同需要的最恰当的地方。比如，美国得克萨斯州立大学图书馆的信息共享空间强调大学系科之间的合作，其最典型的信息共享空间是由图书馆馆员和电脑中心人员共同承担，并由双方的管理人员共同监管的，服务人员包括一些在咨询台工作的人员、负责电话应答的人员和解答各类问题的人员。

5.信息共享空间服务模式的特点

信息共享空间作为现代图书馆的一种新型服务模式，具有很多区别于传统图书馆服务模式的特点。

（1）协同性。

①协同性表现为设施、功能的协同特征。信息共享空间是图书馆中研究、教学、学习、消遣和信息服务的统一体。它能够为读者提供一个舒适的，方便获取、交流、利用和共享信息的空间，允许读者获取硬件、软件、多媒体以及网络信息资源，即为信息需求和知识学习提供一站式服务，这在传统图书馆的服务中是没有的。读者非常渴望图书馆能够为他们提供无部门界限的、能够协作和自由交换信息的共享平台，以便通过直接交流方式获取原始信息，通过间接交流方式得到各类媒体信息。这些需求在信息共享空间中都可以实现。

②协同性更多地表现为人的协同特征。信息共享空间为读者以相互合作的方式进行学习和研究提供了良好的空间，用户之间可以展开讨论和交流，可以充分地享用信息共享空间中配置的各种信息设备，同时还能够得到馆员和技术专家全方位的协同式帮助。这些都可以培养读者检索、测评和使用信息资源的能力，推动读者的研究与学习。信息共享空间强调集体学习，因此，读者之间以及读者与咨询馆员和技术馆员之间组成的、具有松散结构的团队式协同工作是信息共享空间的特色之一，同时也是信息共享空间受欢迎的重要原因之一。

（2）通用性。信息共享空间的目标是一站式满足特定用户的全部信息需求。信息共享空间其实来源于传统图书馆的阅览室及传统参考咨询服务架构。主要是针对读者需求提供服务，以克服由于设备、服务人员数量、服务能力等方面的限制，使读者很难从图书馆中获取自己所需的全部信息资源。信息共享空间专为读者的动态需求设计，从内容角度看，信息共享空间具有很强的通用性；从操作界面看，信息共享空间采用简单而通用的图形用户界面，既满足不同读者的需求，又为读者提供了通用的交流平台。

（3）动态性。由于信息共享空间是信息增量和增值的平台，因此必须对读者需求的变化和最新信息技术的应用做出及时反应。信息共享空间通过营造一个自始至终支持学习和研究过程的环境，对读者的需求和预期变化做出反应，即把提供信息服务融入读者的学习和研究过程之中。

信息共享空间还通过监测读者在学习和研究过程中对信息服务和信息技术服务要求的动态变化，全面了解和掌握读者的实时需求及预期变化，并不断通过适时地调整人员、技术设备及服务空间格局来适应读者需求和技术的变化，从而充分发挥作用。

6. 信息共享空间的管理策略

（1）功能服务模块管理。功能服务模块是信息共享空间为读者服务的基本架构，是与读者最直接的接触点，模块建设的好坏将直接关系到信息共享空间建设能否成功。功能服务模块可以分为以下部分：

①服务区。服务区是读者进入信息共享空间的物理环境，是整个信息共享空间建设的基础设施。此功能区聚合传统图书馆服务，向读者提供有关信息共享空间的服务项目、资源和功能的基本信息，引导读者到相关区域获得所需资源。当读者的信息需求在服务区得不到满足时，服务区的工作人员可将问题转交其他馆员或相关专家予以解答。同时，服务区还可以提供计算机、复印机、扫描仪和打印机等设备的使用帮助和故障维修等服务。在信息共享空间内，所有打印机与计算机应是互联的，读者可以在任何一台计算机上打印。

②学习区。图书馆应重视团体的协作学习问题，培养读者特别是学生读者的团体协作精神。因此，图书馆的信息共享空间通常会将学习区划分为小组学习区和个人学习区。在小组学习区，研究领域相似或志趣相同的读者可以集中在一起交流讨论，共同学习。小组学习区可以作为一个小型教室，由图书馆馆员或有关教师、专家参与读者的课题讨论，进行答疑解惑等活动。小组学习区的主要设备包括计算机、显示器、投影仪、写字板和网络接口等。个人学习区是更加独立的小空间。读者可以通过计算机等信息设备在个人学习区查阅馆藏资源、各种数据库、网络资源等，也可以进行多媒体文件的设计、制作、编辑等，还可以自带移动终端，方便个人更加便捷地获取所需信息。个人学习区可配置桌椅板凳、计算机及无线网卡等，为读者提供一个相对自由开放的学习空间。

③多功能区。首先，多功能区是一个数字化讨论室，可以进行项目研究讨论以及培训等。图书馆可以在数字化讨论室举办读者信息教育讲座，主动对读者进行信息素质教育，以提高读者的信息素养。专家学者也可以在数字化讨论室做报告，与其他读者进行面对面的交流。数字化讨论室要配备计算机、演播设备、投影仪等。其次，多功能区应设立多媒体工作站，供多人共同观看数字影视作品、图片资料或其他多媒体资料。多媒体工作站要配备功能强大的多媒体处理计算机和完善的附件设备，主要为读者提供打印、复印、扫描、刻录光盘等服务。

④休闲区。休闲区提供多种休闲、交流方式。读者可以在这里欣赏音乐、品尝饮料、讨论感兴趣的话题，甚至还可以玩休闲游戏等。轻松愉快的环境是休闲区的最大特点。休闲区内可配置舒服的沙发、自动售货机等设施供读者使用。另外，根据各馆实际情况，在信息共享空间内还可以增加外语自助学习区等功能模块。

（2）管理与协调。信息共享空间是信息、技术和知识的整合，如果不能将这些服务整合起来就不能说是真正意义上的信息共享空间。管理协调模块处于整个信息共享空间的管理层面，负责协调其他功能模块的关系和处理信息共享空间的日常事务。

在信息共享空间的建设时期，管理协调模块的主要功能是合理规划信息共享空间的组成模块，根据本馆的实际情况做出信息共享空间的整体蓝图、建设的侧重点等初期规划。

在信息共享空间的运行过程中，综合性的服务是很常见的，所以各部门的紧密合作不可缺少，管理协调模块要处理好每个部门之间出现的分歧。需要注意的是，信息共享空间引进了许多先进技术和不同专业的技术人员，能否将这些资源快速融入信息共享空间中，将直接影响信息共享空间服务效率的高低。另外，管理协调模块不仅担负着具体的管理工作，还得从整体的高度对信息共享空间的文化、方向、理念、服务等做出明确的规划。

第二节　图书馆人力资源管理

"图书馆作为知识信息的传播中心，必须开发人力资源，增强实力，才能更好地利用所拥有的技术和信息为社会服务。"[①]人力资源是重要的社会资源和经济资源，在人类组织活动中发挥着积极的能动作用。尤其是随着信息技术的广泛运用，社会突飞猛进的变化，对人力资源的结构和组织方式提出了更高的要求。因此，人力资源管理已成为有效实现组织既定目标的关键因素。图书馆作为社会信息交流的有机实体，如何适应社会发展的需要，建立合理的人力资源管理机制，真正做到在图书馆工作中发现人才、培养人才、吸引人才，从而使图书馆人力资源与物力资源实现完美结合，达到最佳运行状态，是当前图书馆管理活动中的主要任务。从某种意义上讲，图书馆人力资源的数量和质量关系到图书馆事业发展的活力和水平。

一、图书馆人力资源管理的认知

（一）图书馆人力资源管理的必要性

人力资源管理是图书馆持续发展的基础。人力资源是图书馆服务工作的主体，是图书馆事业的灵魂，是图书馆生存与发展的生命线。

（1）网络时代工作的需要。随着网络时代的到来，图书馆的管理工作发生了巨大的转变，大量高素质、高层次的创新型知识人才不断涌入图书馆，他们成为图书馆发展最重要的资源。因此，加强对图书馆人力资源的管理，要构建科学有效的人力资源激励机制，应把激励的手段和目的结合起来，改变思维模式，真正建立起具有图书馆特色、时代特点和馆员需求的开放的激励体系，使图书馆在激烈的市场竞争中立于不败之地。

（2）提高图书馆馆员综合素质的需要。图书馆馆员的素质关系到图书馆的长远发展，提高馆员的综合素质是进行人力资源管理的首要任务。图书馆只有确立以人力资源发展为核心的指导思想，对人力资源进行科学合理的规划、开发与管理，激发其潜能，才能提高

---

① 　王晶：《图书馆人力资源管理》，载《情报资料工作》2003年第2期，第69页。

工作效率，实现图书馆可持续发展目标。

（3）图书馆人力资源配置结构的需要。目前，图书馆的人力资源状况是缺少能够开展高层次、高质量的信息服务的复合型人才，人员配置处于结构性短缺状况。而未来图书馆人力资源管理，将逐渐确立以信息研究和信息技术人员为主、传统技术人员和管理人员为辅的人力资源配置结构新模式。

（二）图书馆人力资源管理的内容与原则

1.图书馆人力资源管理的内容

图书馆人力资源管理是指通过对图书馆人力资源的信息管理、招聘、调配、控制、培训等手段，实现求才、用才、育才、激才和留才等管理模式，使图书馆馆员与图书馆的工作保持最佳比例，达到最佳状态，以促进图书馆事业不断发展。

（1）人力资源规划。根据图书馆的发展战略和工作计划，系统地全面分析和确定人力资源需求的过程，如评估人力资源现状及其发展趋势，收集和分析人力资源供求的信息和资料，预测人力资源供求的发展趋势，结合实际制订图书馆的人力资源培训与发展计划等。

（2）工作分析。工作分析是图书馆人力资源管理最基础的工作，对各工作岗位进行考察与分析，确定其职责、任务、工作条件、任职资格和享有权利，以及相应的教育培训情况等，以便最后形成工作职务说明书。

（3）馆员招聘。根据人力资源规划和工作分析的要求，馆员招聘主要由计划、招募、测评、选拔、录用、评估等一系列活动组成。图书馆可以在内部聘任，也可以向社会招聘，按照平等就业、择优录用的原则招聘所需要的人才。

（4）馆员培训与发展。馆员培训与发展主要包括馆员职业生涯规划、馆员发展、业绩评估等。对馆员进行培训和开发，可以促使馆员更好地提高工作效能，增强对图书馆的归属感；对图书馆而言，可以减少事故，降低成本，提高工作效率和经济效益。

（5）馆员激励。馆员激励就是通过运用各种因素激发馆员的动机，引导和强化馆员的行为，调动馆员工作的积极性，使之产生实现图书馆目标的行为过程。

（6）绩效管理。绩效管理是图书馆管理者参照工作目标或绩效标准，采用一定的考评方法，对馆员的工作表现和工作成果等做出评价。对绩效突出的馆员应进行物质和精神方面的奖励，对表现差的馆员应给予批评甚至惩罚，目的是调动馆员的积极性，使图书馆人力资源管理工作健康高效地运行。

（7）薪酬管理。薪酬管理是图书馆人力资源管理的重要组成部分，图书馆要从馆员的资历、职级、岗位及实际表现和工作成绩等方面综合考虑，制定相应的、具有吸引力的工资报酬标准和制度。同时，薪酬管理也是图书馆吸引和留住人才，激励馆员努力工作，发挥人力资源效能的最有力的杠杆之一。

（8）职业生涯管理。职业生涯管理是个人和图书馆对职业历程的规划、对职业发展的促进等一系列活动的总和，它包含职业生涯决策、设计、发展和开发等内容，有助于提高个人人力资本的投资收益，有助于降低改变职业通道的成本，有助于图书馆事业的发展。

（9）人力资源保护。人力资源管理涉及劳动关系的各方面，如劳动用工、劳动时间、劳动报酬、劳动保护、劳动争议等内容。图书馆应根据国家劳动保护的有关协议条款的规定，依法行事，处理相关的劳动关系，以确保馆员在图书馆工作过程中的安全与健康。

2.图书馆人力资源管理的原则

图书馆人力资源管理是图书馆管理和发展战略中重要的工作内容，需要政府和社会的积极支持以及图书馆各级领导与管理部门的协同努力。从根本上说，图书馆人力资源管理的核心是优化图书馆人力资源结构以及合理使用专业人员，它直接关系到图书馆组织的生存与发展，也是衡量人力资源管理效果的主要标准。在图书馆人力资源管理活动中应遵循"以人为本"的指导思想，坚持体现以下基本原则：

（1）以思想和行为为中心。这是图书馆人力资源管理基本思想的具体体现。图书馆工作人员是图书馆的第一资源。由于图书馆工作人员是由具有精神和情感的血肉之躯构成的特定群体，有着自己的理想与追求，渴望实现自己的人生价值。因此，在图书馆人力资源管理过程中，应采取柔性管理策略，认真观察图书馆工作人员思想和行为的变化，注重维护图书馆工作人员的利益，强调对图书馆工作人员的人性化管理，激发他们的工作热情，为图书馆工作人员创造良好的工作环境，使之努力实现图书馆的既定目标。

（2）以需要和能力为标准。这是图书馆人力资源管理指导思想的具体运用。图书馆人力资源管理的主要内容是对各类专业人员的配备和使用。如何构建图书馆组织机构与工作人员之间的互动关系，实现图书馆各种资源与人力资源的最佳结合，是人力资源管理的关键问题。因此，在图书馆人力资源管理活动中应充分注意按照因事择人、因才器用的管理规律，不但要根据工作岗位的实际要求来选拔和使用各类专业人员，同时还应根据人们的能力和素质的差异去安排不同的工作。只有这样，才能够最大限度地激发图书馆工作各人的个人潜力和工作热情，并使之产生理想的工作效果。所以，以工作需要和工作能力作为图书馆专业人员使用的基本原则，是进行人事制度管理和人员配备的基本要求，也是提高工作效率和避免人力资源浪费的有效措施。

（3）以平衡和团队为动力。　　　　任何事物都是运动并发展的，图书馆人力资源管理也是如此。随着社会的变化和发展，图书馆工作人员客观地存在着适应社会的滞后现象。因此，在调整图书馆与社会发展关系，做好图书馆组织机构的重组与变革的同时，还应进行相应的人力资源调整，以保持与社会和图书馆发展的动态平衡，同时也应注意图书馆人力资源的专业结构平衡、年龄结构平衡以及知识结构平衡。要做到这一点，就要不断强化图书馆工作人员的继续教育和业务培训，注重图书馆人力资源的引进与流动。通过对在职人员的继续教育，提高工作人员的工作技能和水平，改善图书馆人力资源结构，并通过对人员的引进改善和调整图书馆工作人员的能力结构，组成科学合理的组织团队，以团队的精神和力量来推动图书馆事业的发展。这是现代社会发展对人力资源的要求，也是图书馆在发展中不断创新的力量源泉。

总之，图书馆人力资源管理应该建立在尊重知识、尊重人才的基础之上，充分发挥图书馆工作人员的聪明才智，调动其积极性。只有"以人为本"，强调人的主观能动性，合理组织图书馆人力资源队伍，才能使图书馆事业兴旺发达。

（三）图书馆人力资源管理的目标

图书馆人力资源管理目标就是组织人力资源配置的最佳效益，提升图书馆人力资源的贡献率，提高馆员的整体素质和水平，实现读者素质的整体提高和推进图书馆组织建设的改革创新。有效的人力资源管理目标和组织目标是一致的，都是为组织目标服务的。通常可以把图书馆的人力资源管理目标分为三个层次，即直接目标、具体目标和最终目标。

1.直接目标。通过人力资源管理活动，如通过激励机制、奖勤罚懒与按业绩、劳动量、创造性进行合理分配等，来吸引馆馆员、留住馆员、激励馆员和再培训馆员。

2.具体目标。通过调整机构设置，实行定岗、定员、定额管理模式，打破年龄、资历、学历、职称等限制，让所有员工能进能出，职务能上能下，待遇能升能降，促使优秀馆员脱颖而出，充分调动图书馆各类人员的积极性、创造性，从而提高整个图书馆工作的效率。

3.最终目标。通过图书馆有效的人力资源管理来保证组织的良性循环，促进组织的发展，增强组织的凝聚力和适应外部环境不断变化的灵活性。

二、图书馆人力资源的配置

（一）图书馆人力资源配置的原则

人力资源配置就是根据经济社会发展的客观要求，通过一定的形式和机制，科学合理地调配人力资源的管理行为，从而促使人力资源与其他资源合理有效地结合，产生最佳的工作效果。简言之，人力资源配置是指合理分配人力资源，使之与组织中的职位实现有效结合的过程，它是人力资源管理的一个重要组成部分。图书馆人力资源配置应遵循以下原则：

1.整体配置原则。实现图书馆馆员的优化配置，必须符合馆情，从整体和大局考虑配置，应打破原有人事管理体系，立足整体，优势互补，在充分发挥人的特点和优势的基础上，形成一个完整的人力资源有机体系，最大限度地发挥图书馆的管理职能和人的主观能动性。

2.读者需求原则。以读者的信息需求为依据来配置图书馆馆员，是任何环境下图书馆人力资源配置的根本指导思想图书馆馆员的合理配置要与读者数量、读者水平及读者对信息资源的需求直接相关，要以满足读者作为配置的出发点和最终归宿。

3.因地制宜原则。图书馆馆员配置要符合图书馆实际人员结构的要求，做到因地制宜，即按图书馆人员层次进行图书馆馆员重组融合与调整布局，以达到合理配置人员。

4.动态发展原则。图书馆馆员结构配置是一个动态的渐进过程，虽然有其相对的稳定性，但总的趋势是变化的；另外，学科是动态的，图书馆馆员配置要随着学科和图书馆事业的发展进行相应的调整，使图书馆馆员配置满足图书馆事业发展的需要。

（二）图书馆人力资源配置的策略

1.优化图书馆领导队伍配置。首先，图书馆领导要有较高的学识水平，较强的决策管理能力和民主严谨的工作作风；其次，要加强对图书馆人力资源优化配置和整体规划的制订，全面推行全员聘任制，彻底改变长期以来形成的图书馆成为干部收容所、人员过渡站和人才配偶安置办不良局面。

2.合理设置岗位，优化人员配置。由馆领导、业务骨干、外请有关专家等组成的智囊团，根据图书馆工作和服务发展的特点，对各岗位进行认真细致的调查研究，广泛收集有关岗位职能方面的信息，如工作的业务流程、工作强度、所需时间、所需技能、工作量等有关信息，对所取得的岗位信息进行深入分析。在此基础上，对比岗位之间的性质、岗位的专业技术性等因素，更新划分职能业务部门，确定各部门高级、中级、初级岗位的数量，建立合理的岗位结构，明确各级岗位的职责及任职要求，以达到合理配置人员的目的。

3.加强对馆员的培训和继续教育。在科学技术高度发展的今天，馆员不仅要适应传统意义上的图书情报工作，还要能够胜任一切基于网络知识信息的服务。因此，图书馆领导要根据工作性质、岗位特点、人员性格、专业和特长等，帮助和指导馆员设计职业发展计划，并积极争取和创造条件，为馆员提供培训、继续教育的机会，通过脱产、进修、函授教育和在职培训等多种形式，帮助馆员不断更新知识和技能，完善知识结构，提高学识水平。这不仅有助于馆员自身的发展，更重要的是关系到图书馆人力资源的优化配置以及工作效率和服务质量的提升。

三、图书馆馆员的甄选与聘用

图书馆馆员的选拔和聘用是图书馆人力资源开发和管理的一项基本任务和重要环节，它决定了图书馆人力资源的结构成分以及具有的能力水平。图书馆馆员甄选是指对从事图书馆工作的人员进行公开选拔和测试，其目的是挑选符合需要的图书馆工作人员，提高工作效率，降低图书馆馆员职业培训的成本。图书馆馆员聘用是指在甄选的基础上，对具有专业技术资格和技术能力的竞聘人员进行录用和聘任，其目的是对录用的工作人员明确岗位职责并授予一定的岗位权利，以充分发挥所聘人员的才能和作用，它是图书馆人力资源管理的主要过程。

(一) 图书馆馆员甄选与聘用的原则

1.公开、公平、公正的原则。图书馆要获得高质量的图书馆馆员，提高自己的管理水平，就应在甄选和任用未来馆员的过程中坚持公开、公平、公正原则。图书馆应打破传统的自我封闭形象，把图书馆所需的工作岗位和人员数量以及任职资格、录用时间向社会和图书馆组织内部公布，鼓励社会成员和图书馆职工参加竞选和竞聘。要做到机会均等，一视同仁，坚持任人唯贤，并通过相关的制度来确保选拔和聘用人员的质量。为此，图书馆应为选拔优秀人才创造良好的政策环境和工作环境，以保证图书馆运用科学的方法吸收和录用最合适的工作人员。

2.用人之长的原则。图书馆馆员选聘过程中应该采取客观、辩证的态度，在待用人员的长处和短处、主流与非本质等方面反复仔细地掂量，区别对待。在甄选员工的过程中，关键在于如何根据岗位要求，发挥工作人员的长处。对于待用人员来讲，若能在一个最适合其个性特点的工作岗位上发挥其长处，就能各得其所，人尽其才；对于图书馆组织而言，也是得到最合适人才的合理途径。

3.用人不疑原则。用人不疑原则又称为信任原则。对被任用人才，要放手使用他们，发挥其主动性、积极性和创造性，支持员工取得各项工作成绩。

4.注重潜力的原则。要注重竞聘人员的潜在发展能力。在对应聘人员进行考核时，应注重对其工作能力、知识范围、思想品德以及交往能力进行全面的考核和评定，同时还应注意其团队精神和协作精神的评定。要正确评价竞聘人的发展潜力，根据其处理复杂问题的能力和是否具备高层次人才所需的基本素质进行甄选和聘用。只有这样，图书馆组织才能够避免"提拔过头"的现象，避免造成人力资源的误用和浪费。

5.条件适当的原则。在选聘过程中，选聘的条件可能很多，因此，必须根据图书馆组织的目标以及这一目标对人员配置职能的要求等方面来客观设计，应对待聘职位的性质进行工作分析，并充分考虑这一职位对人员提出的要求来选拔人才，这样才不至于浪费大量的时间、精力和费用，同时又能够得到图书馆所需要的各类人才。

(二) 图书馆馆员甄选与聘用的途径

图书馆进行人员选拔与聘用通常有两种途径：一种是对图书馆内部的员工进行选拔；另一种是对社会成员进行公开招聘。

1.内部选拔。内部选拔是指从馆内已有的人员中进行选拔提升。这就要求在组织中建立起详尽的人员工作表现的调查登记材料，以此为基础建立数据库，以便在职位出现空缺时，能够据此进行分析研究，从而从中选出符合要求的人员。

2.外部招聘。外部招聘是指从图书馆以外的途径来获得人才。外部招聘的渠道很多，如广告、职业中介、学校、图书馆馆员工的推荐等。要使外部招聘得以有效实施，就必须将图书馆空缺岗位的相关情况事先告知应聘者，如岗位的性质和要求、工作环境的现状和前景、报酬以及福利待遇等图书馆外部招聘的优缺点恰好与内部选拔互补。

（三）图书馆馆员甄选与聘用的方法

图书馆馆员甄选与聘用的流程可根据图书馆的规模和性质以及岗位的要求来进行设计。首先应从岗位的需要出发进行工作分析。确定某项专业工作所需人才的业务水平的目的是确认甄选的标准，是识别最佳人选的前提。例如，选择担任文献采选人员、编目人员、咨询课题主持人与计算机管理系统设计人员时，对他们的要求是有区别的。外语水平与知识广度是外文采选工作的基本要求，编目人员必须有系统的图书情报专业知识，而专题咨询与计算机管理系统设计人员则需要较深厚的专业理论基础。同时，也要考察工作对候选人的个性特长的要求等，然后针对这些要求设计甄选的方式，如问卷调查、面试等。通过对候选人的甄选，决定其是否被录用，以及被任用到何种岗位。设计甄选与聘用活动的程序时，应考虑到实施过程中相关因素的影响，如时间、使用、甄选的难易程度以及实际意义等。

图书馆馆员甄选聘用的方法主要有笔试和面试。其中笔试可以通过各种测验来对以下内容进行考察分析：①智力测验。目的是考量候选人的记忆力、观察力等。主要是考察候选人在继续学习上的能力，同时也对候选人有个基本的了解。②专业测验。目的是测验候选人所具有的专业技能，以及进一步掌握技能的潜力和能力。例如对参考咨询人员的测验，就应该考察其在咨询工具的操作方面的能力，以及对信息的检索分析处理方面的能力等。③性格测验。目的是衡量候选人在性格上的特征。在图书馆的参考咨询中，十分强调与读者的沟通交流能力，若候选人在个性上不够耐心，沟通上欠缺技巧，就不符合该岗位的要求。④领导能力测验。目的是衡量候选人在领导能力方面的表现，以及在这方面的潜能。若待聘职位是关联的领导岗位或者是该类岗位的储备人员，就特别应该强调候选人在这方面的能力。

面试则是一种要求候选人口头回答主试提问，以便了解候选人的素质和潜能的甄选方法。面谈的优点是直接简便，可以快速淘汰那些明显不合格的候选人，但同时这种方式也很容易受到候选人表象的影响。图书馆在采取面试这种方式甄选人才时，必须警惕形式主义。

总之，图书馆馆员甄选任用的方式并不是孤立的，而是根据实际需要灵活选用。在实际工作中，若是从内部选拔人才，对其个人情况都比较了解，可以根据岗位的要求重点考察其一两个方面的能力，而对于从外部招聘的人才，则须采用多种方式来进行全方位的考察。

四、图书馆人力资源的开发与培训

人力资源开发是人力资源管理的核心内容。人力资源开发的本意是指对人的才能进行开发，在现代管理学中人力资源开发就是把人的智慧、知识、经验、技能、创造性、积极性当作一种资源加以发掘、培养、发展和利用，以提高人的才能和增强人的活力。图书馆人力资源开发就是通过对图书馆馆员进行有计划的人力资本投资，采取教育、培训等有效形式，充分挖掘图书馆馆员的智慧、知识、经验、技能和创造性，积极调动图书馆人力资源的工作积极性和潜在发展能力的过程，目的在于促进图书馆馆员的个人发展，提高图书馆馆员的才能和增强其活力，以保证图书馆各项目标的实现。

（一）图书馆人力资源的开发

1.精神开发。人力资源的精神开发即人的自觉性和能动性的开发。这种开发虽不直接增加工作人员的知识和技能的存量，但通过一定的途径和方法能调动人的自觉性和能动性。一个人的能量能否得到有效发挥，很大程度上取决于人的自觉性和能动性是否得到有效开发。因此，培养和塑造图书馆工作人员良好的精神面貌和勇于进取、精诚合作的团队精神，是开发和利用好图书馆人力资源不可或缺的因素。

2.知识开发。人力资源的知识和技能的开发是指通过接受教育和学习，提高工作人员的知识水平和工作技巧。知识是一个人的技能，是创造力的基础。在新知识不断涌现、科技飞速发展的今天，没有一定的知识水平和工作技巧，参与社会劳动的资格和能力就会受到很大的限制，所以终身教育的观念必须深入每个图书馆工作人员的心里，使他们不断地进行知识积累，从而提高图书馆的工作质量和水平。

3.技能和创造力开发。人力资源的创造力开发是指激发人的创造欲望、创造思维和创造能力并产生创造成果。它与知识、技能、自觉性和能动性的开发紧密联系，是人力资源的高层次开发。创新是图书馆不断发展的动力，鼓励和激发工作人员的创造力，在科学技术迅猛发展、知识和技术成果日新月异的今天，具有特别的重要性。

（二）图书馆人力资源的培训与规划策略

1.图书馆人力资源的培训内容

在人力资源管理中，往往将培训与开发联系在一起。培训是为学习者提供目前工作所需的知识和技能所设计的活动，而开发关注得更为长远的是对超出现在的工作范围的学习。对一个组织而言，培训与开发是可持续发展的核心，可提高员工的能力与组织绩效。

图书馆培训至少应该包括三个方面的内容：态度、技能与知识。态度主要包括图书馆的文化理念、职业道德、规章制度等。技能与知识主要是指专业素质和文化素质。包括各项工作的规律和特点、图书分类规则和常用工具书的检索方法、读者的借阅规律、计算机操作技能、数据库的使用技巧、外语水平等。此外，为适应信息社会的要求，提高职工的创新能力、适应能力，开发职工的潜能，对职工思维方式的强化训练、陈旧观念的更新、个人心理与读者心理的分析也是必要的培训内容。

2.图书馆人力资源的规划途径

人力资源开发一般有三个途径：人力资源的规划招聘、继续教育的开展、员工职业开发的进行。其中人力资源规划是图书馆整个发展战略规划的核心，图书馆应该综合其内外部环境因素，通过动态的合理分析，本着充分开发本馆人力资源的特点和技能原则，预测其人力资源的需求状况，制订出图书馆相应的长、短期发展规划，以规划促发展。

作为人员素质调节手段，我们要注意运用现代科学方法，对与馆内一定物力相结合的人力进行合理的培训、组织和调配，从思想、心理和行为上优化员工的价值导向，充分发挥其主观能动性，使相互的人际工作环境达到最佳状态，强化馆员的社会竞争实力。

人力资源规划的执行既反映了图书馆馆员的整体素质，也反映了管理者的角色定位，管理者的角色定位不仅是制订规划和下达指令，更重要的是必须具备执行力。而其关键在于透过组织文化影响馆员的行为。因此，馆领导很重要的角色定位就是营造图书馆组织的执行力文化，如何培养馆员的执行力是图书馆总体执行力提升的关键，引导馆员把自身发展目标与图书馆发展目标结合起来，在制订人力资源规划中重视对馆员的选拔任用标准，以形成民主、平等、尊重、规则的和谐境界。

（1）晋升规划。晋升规划实质上是组织晋升政策的一种表达方式。对图书馆而言，有计划地提升有能力的馆员，以满足职务对人的需求，是组织的一种重要职能。从馆员个人角度上看，倘若再上一层的晋职之路不畅，馆员的固化就得以形成，长此以往，管理体制必然缺乏活力，影响图书馆未来发展的可持续能力。这就需要在规划中给优秀馆员一个明确而具体的职业发展引导，以满足职务、职称对人的需求。

在多年的工作中，我们以内部升补制的规则，通过学院人事部门或内部招聘的方式，依据现有人员的学历、知识水平、任职资格、岗位合适度以及实际能力，聘任符合岗位要求的合格人员。它具有以下特点：首先，是满足内部人员需求，补充岗位的空缺，有利于保持内部的稳定性，激发馆员的积极性，使大家看到"目标"的驱动作用，"信念"的导向作用，积极进取、认真学习、努力工作，不断增强自身的竞争优势。其次，内部聘任可以有效地减少在识人、用人方面可能出现的失误。它通常是根据应聘人员过去的实际工作绩效，以及任职条件，知识水平和实际能力和综合评价，最后才做出人事决策。最后，图书馆领导岗位的空缺是通过员工内部以及相应的程序选拔实现的。

（2）补充规划。人力资源规划中的补充规划，是图书馆人事政策的具体体现，其目的是合理填补馆内长期可能产生的职位空缺，如馆员的退休、晋升、调动等。由于这些因素的影响，馆内的职位空缺逐渐向下移动，最终积累在基层馆员的需求上，这就需要对基层馆员的招聘、录用也考虑到若干年后的使用问题。

对于馆员而言，要有职业规划，在行使自己的岗位职责时要驾轻就熟，对本馆的未来发展应有清晰的认识和相对准确的预测。馆员个人的未来必须依靠自己的能力。职位、职称会随着图书馆结构的发展而有所变动，以不变应万变的唯一方法是个人专业知识的积累、业务能力的提高和合作精神的展现。

因此，图书馆要重视对馆员心理行为的观察与调研，从需求着手激发馆员的内在动力，以深入细致的思想工作为导向，巧妙地把馆员个人的需求与补充规划一致起来，并把它贯穿于馆员职位的工作性质、工作内容、工作环境以及兴趣爱好、性格特点等，了解和掌握馆员的不同需要，努力协调好个人需求与环境所能提供的机会，尽可能创造条件来满足馆员正当合理的基本需求，使馆员在工作中更好地发挥潜能。

（3）培训与开发规划。图书馆组织的培训要充分考虑变化与发展的因素，要从促进图书馆发展和馆员发展的理念出发，把岗位发展与培训工作结合起来。对馆员来讲，培训可以帮助其充分发挥人力资源的潜能，更大限度地实现个人的自身价值和提高工作满意度，增强归属感和认同感。诸如在工作中对于年轻的馆员，安排指导老师负责，从组织文化培训、规章制度释疑，以及岗位技能的传、帮、带，使他们尽快熟悉岗位职责和操作运用，同时消除内心的不安，让他们有一种舒适的心境。

（4）调配规划。调配规划是指组织内的人员在未来职位的分配，是通过有计划的人员内部来实现的。这种内部流动计划就是调配规划。其关键是利益和谐，它需要正确处理利益分配关系，兼顾能力强的馆员和能力弱的馆员之间的利益；兼顾不同岗位之间的利益；兼顾规划中利益不同者之间的利益，这些调配规划中出现的问题，它或多或少与馆员切身利益相关，把这些利益关系处理得当，人际环境就会得到提升，调配规划就会顺利实施。

落实调配规划对内实行动态管理盘活人力资源需要：一是合理配置，优化组合，将馆员的数量结构、年龄结构、能力结构、知识结构合理搭配，形成新老结合、刚柔相济、长短互补。二是建立公平的内部竞争机制，这是图书馆效率的保障。图书馆的责任是提供工具（包括制度、培训、指导等）、开放的工作环境及机会，让馆员能有效评估发展自己的技能和承担个人角色的责任。三是轮岗换位、适度流通，传统的观念需要改变，万事万物流传元气，变动对馆员适度地变换岗位既有利于馆员的锻炼成长，也有利于激发工作热情。即使图书馆无法提供适当的发展机会，他们也能顺利转行，当馆员具备这些条件时，图书馆和馆员对自身发展的主动权都在扩大。

五、大数据环境下图书馆人力资源的管理策略

（一）优化人力资源配置，引进高端人才。基于大数据技术的不断发展，图书馆必须要积极依托网络平台实现人力资源的优化配置：一方面，图书馆要利用大数据自动分析功能，将图书馆馆员的自身情况进行汇总分析，根据馆员的个人情况为其提供最佳的工作岗位；另一方面，图书馆要加强教育培训，通过教育培训提高人力资源的整体素质。图书馆要定期组织工作人员参加教育培训，培训的内容必须体现出差异化，根据工作人员的个人情况为其量身定制。

（二）制定科学的人力资源管理体系，实行聘任制。图书馆人力资源管理必须进一步规范制度管理建设。目前，图书馆在大数据时代呈现出虚拟化、网络化与实体化共存的发展趋势。由于实体图书馆建设管理经验比较成熟，而网络化图书馆建设管理经验比较少，因此图书馆必须完善机制，优化图书馆现有人力资源管理结构，新成立专门的数据管理机构，对数据进行管理，制定统一的数据管理使用政策，研究解决大数据的采集、存储及处理等相关技术问题，协调校内外与大数据有关的工作。同时图书馆也要积极实施聘任制，建立自由、公平的竞争上岗制度，激发图书馆工作人员的积极性。

（三）建立具有操作性的绩效考核体系，强化绩效监督。绩效考核是人力资源管理的重要内容，图书馆数字化发展要求改变以往的绩效考核模式。人力资源管理绩效考核必须从指标构建、结果反馈以及绩效监督等方面入手。单独以业务能力为主的指标模式难以对图书馆工作人员的工作能力进行客观的评价，因此图书馆要建立三级绩效考核评价表，其主要包括：思想品德、工作能力、工作业绩和个人发展四个方面的绩效考核表。另外，图书馆也要加强对绩效考核结果的反馈，让工作人员及时了解自己工作中所存在的问题，进而采取有效的解决对策。

第三节　图书馆资源战略管理

战略是我们借以取胜的一个详细而周密的计划，做出的一系列决策和行动都是为实现这个长期目标，战略也是我们选择的一种路径。所谓图书馆战略管理，就是指图书馆管理工作人员在对图书馆外部实际环境和内部资源状况合理分析和预测之后，制定战略目标和战略使命并且付诸行动，从而保障图书馆生存和长期稳定发展的过程。

一、图书馆资源战略管理的认知

（一）图书馆战略管理的基本内涵

1.图书馆的宏观管理战略。图书馆的发展趋势是发展图书馆联盟，开展馆际合作，实现图书资源共享。馆际之间要加强协调，国家的宏观管理也必不可少，但与传统的宏观管理不同，宏观管理要把重点落实在协调和支持上，以促进图书馆联盟的发展，国家更要出台建设图书馆联盟的政策。同时，因信息技术的快速发展，图书馆联盟要依托网络环境，建设计算机网络的图书馆协作信息系统。国家及各级政府要全面负责图书馆协作网络的规划、组织、协调、监督和管理工作，加强政策导向，予以投资倾斜，开发网络应用软件，采用标准化技术。同时，各行业系统要着手建立系统内全国性的图书馆联盟，以地区中心为主导的图书馆联盟。

2.图书馆的业务流程战略。传统的图书馆业务流程是从图书馆内部工作出发，把图书馆的业务工作划分为若干部门，须经过采购、登记、分类、上架等几十道工序流程，一道工序还涉及不同部门，因此部门间协调困难，工作效率低，浪费时间。复合图书馆要充分运用现代信息技术，并发挥较大的效能，提高工作效率，为用户节省时间。而以前的图书馆落后的业务流程工作效率不高，计算机、网络运用较少，或仅仅发挥了部分功能。所以，复合图书馆的建设要对以前的业务流程实施重组，把单一、孤立的业务流程重组，减少部门之间的摩擦，通过运用信息网络传递信息提高工作效率。

3.图书馆的组织结构战略。传统图书馆的组织结构按其职能划分为部门，分层分级，是金字塔式的组织结构。现代图书馆将用户放在首位，以用户为中心设计组织结构。经过业务流程的再造，减少结构层次，向扁平方向发展。管理人员的传统职能削弱，数量也相应减少，管理层次也必然减少，这样图书馆工作人员有了更多的主动权，实现了集权与分权有机结合，使图书馆整体管理趋于合理、富有效率。

4.图书馆的信息资源建设战略。"在信息资源建设的过程中，如何有效地管理信息资源才能适应信息化社会的发展，如何面对日趋激烈的市场竞争，将直接影响图书馆的生存与发展。"[①] 在馆际互借与资源共享的条件下，运用有限的经费，购买重要和适用的印刷本图书、报刊等传统文献。要重视集聚网络信息资源，诸如学术会议信息、专家主页、学术论坛、专业新闻，注重运用开放手段获取资源，多角度丰富数字馆藏；加强网上电子期刊的管理、订购，更加注重新型媒体文献的入藏，如数据库、光盘文献、音像制品等；加强各类数据库建设，把传统馆藏文献转化为电子资源；全面加强馆际协作，加强建设文献资源保障体系。因用户对信息资源的多样化和个性化的需求，面对宏大的、多类型、多传递渠道的信息资源集合，复合图书馆的信息资源建设就要进行有效的资源整合。同时，信息资源建设要突出地方和行业特色。

5.图书馆的用户服务战略。现代图书馆的管理是以用户为中心，以客户需求为价值取向的服务。图书馆的服务要建立面向用户的开放服务体系。图书馆用户服务不局限在某一地区、部门或团体，它是面向整个网络，进行延伸拓展，提供一站式的信息服务建立统一的信息检索平台和咨询平台，运用信息技术对不同类型、特点的数字化资源进行整合，实现信息资源、技术、内容的集成，实现跨库检索和开放链接。

6.图书馆的人力资源管理战略。现代图书馆的工作人员要进行角色转变。现代图书馆的工作人员不但要有图书馆学、情报学及其他专业的知识，还要有数据库管理能力、信息收集和处理能力、信息检索工具生成能力、网络信息运用能力、计算机操作能力。要树立开放理念、服务理念、用户理念、效益理念和资源共享理念等。工作人员应具有较大的自主权，能在工作范围内做出各种决定。现代图书馆馆员晋升职务是以能力大小为尺度的。图书馆人员的选择，要看他受教育的情况及技能水平，还要看他的性格是否能够自觉工作，自我约束，有无团队合作精神等。要增强组织吸引力，留住优秀人才。

7.图书馆的组织文化战略。现代图书馆的组织文化作为组织的指导思想、经营理念和工作作风，主要包括价值理念、行为准则、道德规范、文化传统、风俗习惯、管理制度及组织形象等。组织文化能激发工作人员热情，统一团结的意志。建立组织文化对树立图书馆形象，争取社会各界的支持与合作，吸引更多的读者和用户非常有利。现代图书馆文化建设要坚持以人为本，塑造并发展和谐团结的文化。

（二）图书馆战略规划与管理的框架体系

1.图书馆战略规划的主要框架

---

① 谭静：《图书馆资源建设的全面质量管理》，载《交通高教研究》2003年第2期，第91页。

图书馆战略规划框架因馆而异，图书馆战略规划由实施纲要、使命声明、需求或激励因素分析、价值观、图书优势与劣势、目的和目标、支持性伙伴和联盟、支持性大学环境、人力资源开发、财务计划、时间表、评价方法组成。图书馆战略规划包括概要、引言、环境扫描、使命、愿景、价值观、关键行动领域、目的、战略、目标、财务资源。图书馆战略规划框架至少包含愿景、使命、价值观、目标体系、战略五部分。

（1）愿景。愿景是说明图书馆将来是什么的一种声明，即对图书馆蓝图的一种描述。愿景可以延伸图书馆的能力与形象，并指明图书馆未来的轮廓与方向。

（2）使命。使命是描述图书馆目的、存在原因和希望去执行的活动的一种简洁声明。定义使命是图书馆进行战略规划的重要步骤，这种工作是基于图书馆愿景所确立的价值观和信仰。换言之，图书馆使命声明直接遵循愿景声明，简要说明为实现愿景将要开展的工作。

（3）价值观。价值观是个人或群体在与外部世界的相互作用中所信奉的原则、信念、标准等。在图书馆，通常是用对他人的尊敬、诚实和正直、社会责任、对创新与卓越服务的承诺来陈述的。

（4）目标体系。目标是图书馆管理者在特定时间内达到某一具体绩效的承诺。目标与图书馆愿景和核心价值观直接联系起来，这是显示图书馆业绩、承诺和重点的标尺。目标可分为总目标与分目标，由此构成图书馆目标体系。

（5）战略。战略是图书馆管理层所制订的策略计划，包括一系列的竞争性活动和业务方法的组合。它可细分为业务战略、职能战略、经营运作战略等。业务战略是指图书馆某项业务的策略规划，这充分体现在图书馆管理者为实现某种业绩而制订的行动方案之中。业务战略的核心是如何提高图书馆业务能力与服务水平。职能战略是图书馆管理者为特定的职能活动、业务流程或重要业务部门所制订的策略规划。虽然职能战略所涉及的范围比业务战略要窄，但是可以为整体业务策略规划提供一些细节，它所涉及的问题是制订一种管理某项业务中的主要活动或过程的策略规划——包括服务、营销、财务、人力资源等。经营运作战略所关注的是一些范围更窄的战略行动和经营策略。例如，如何管理关键的经营运作单位（如参考咨询部、采编部），以及如何开展那些有战略重要性的任务（如资源采购与加工、用户服务）。虽然经营运作战略所涉及的范围有限，但它能使职能战略和业务战略更详尽。经营运作战略一般由部门领导负责制定，由馆领导审批。

2.图书馆战略规划的基本流程

图书馆战略规划流程需要描述图书馆的愿景，识别其使命，设置其目标，确立各种实现这些目标的行动。简单地说，战略规划流程是一种把决策转化为政策，政策进一步转化为行动的持续循环过程。它往往包括启动阶段、战略分析阶段、战略确认阶段、业务规划阶段、实施阶段、反馈与评价阶段六个阶段。下面简要说明战略规划流程各阶段的相关问题。

（1）启动阶段。图书馆实施战略规划的三个前提条件：一是要在整个图书馆通告战略规划流程，并要求图书馆馆员工忠于承诺；二是图书馆战略规划要适应或促进其直属组织或社会发展战略规划；三是图书馆主管部门（或人员）应该知道图书馆战略规划达成的决策、承诺和所做的努力，以使图书馆获取外部支持，减少各种阻力来获得最大的成功。一旦引入战略规划问题取得一致同意后，图书馆管理者就可组建战略规划团队（或委员会）。战略规划团队应该包括图书馆馆员工和其他相关人员。

（2）战略分析阶段。战略分析阶段的主要任务是进行环境扫描和识别相关战略问题。环境扫描可分为外部环境分析与内部环境分析两种类型。

图书馆可利用 PEST 分析方法来进行外部环境扫描。PEST 分别对应于政治、经济、社会和技术因素，其中政治因素包括政府机构对信息服务的态度和信息政策；经济因素着眼于体制和总体经济条件、国内外趋势；社会因素包括形成当地文化的道德观和价值观；技术因素是指开发那些有影响力的硬件与软件系统。

图书馆可结合 SWOT 矩阵和内部自我检查来进行内部环境扫描。利用 SWOT 矩阵，就是要求图书馆在调查研究的基础上，确定图书馆的内部优势因素（Strengths）、内部劣势因素（Weakness）、外部机会因素（Opportunities）和外部威胁因素（Threats），将它们按照矩阵形式排列起来，通过考察内外部因素的不同组配，进行全面系统的综合分析，从而帮助图书馆战略规划团队做出最优决策。自我检查始于识别那些指导图书馆服务目标的信仰、价值观和风气，也须对包括员工、服务、体制、资源、资源使用方法、资金、现有战略等多种因素进行分析，并利用图书馆物力和财力所能提供的愿景来协调使命声明设想的愿景。若存在巨大差异，就需要寻找解决办法来降低期望或增加资源。

（3）战略确认阶段。图书馆在完成环境扫描后，可以基于图书馆隶属机构或用户需求确定图书馆战略问题，这包括确立图书馆使命与愿景、价值观、目标体系、战略与客户。

确立图书馆使命与愿景常用两种方式：一种是自上而下；一种是自下而上。前者通常是由图书馆高层领导结合当前的实际情况，充分考虑未来的发展趋势，提出图书馆的未来发展总体设想或方向，并由图书馆相关部门人员将这一设想进一步细化使之成为清晰而准确的文字描述；后者通常是在图书馆高层领导的指示下，由指定部门员工提出有关图书馆使命和愿景的初稿，然后交全体员工讨论和征求意见，原指定部门员工将员工意见进行综合整理与提炼后，形成第二稿，再交图书馆领导审准。不管采取哪种方式，让员工广泛参与图书馆使命与愿景的制定工作是非常必要的。但确定图书馆价值观，最好采取自上而下的方式。

在设立目标体系时，图书馆可利用平衡计分卡把战略目标体系划分为财务目标、用户目标、业务流程目标、学习与增长目标。财务目标主要是要保证图书馆获得足够的资金投入和投资的稳定增长；用户目标主要是扩大用户量，使图书馆资源与服务能够得到最大限度的利用，并提高用户满意度、忠诚度，减少用户投诉率；业务流程目标主要是围绕图书馆服务链来进行，如引进或购买更多国内外文献资源、开拓新的服务方式、提高服务水平；学习与增长目标主要是实现图书馆业务工作的持续改进并获得最佳绩效。

（4）业务规划阶段。基于前面的战略分析与战略选择，图书馆就可制订具体的业务计划，这包括资源建设计划、服务计划、财务计划、设备计划、人力资源开发计划、组织计划等，并对这些计划做出合理预算。

（5）实施阶段。战略规划的目的在于通过战略实施取得预期的目标绩效。因此，战略规划实施在整个战略规划流程中是很关键的工作。战略实施要求图书馆根据各项战略完成预先确定的各项工作任务。它实质上是图书馆馆员工冲破阻力、克服困难、解决问题的过程。

（6）反馈与评价阶段。在图书馆战略规划实施过程中，要经常获得来自用户和员工对目标及其现行行为的反馈。图书馆利用这些反馈，一方面可以及时发现战略规划中存在的不足之处，为完善战略规划提供参考，另一方面可以作为重要依据来评价战略规划及其目标的实施效果。例如，衡量大学图书馆战略规划成功与否的最根本标准，是大学图书馆在促进学生学习、教师教学与科研方面是否达到令人满意的程度。对于战略规划中的阶段性目标（如年度计划目标），应该在此阶段末期（而非结束整个战略规划时）就启动评价活动。图书馆只有在完成现有战略规划绩效评估后，才能启动下一轮战略规划，否则就很难保证图书馆战略规划的科学、合理与高效。

3. 图书馆创新管理的实施战略

随着图书馆事业的发展，图书馆创新管理是必然的。要对其宏观管理模式的创新，这主要包括实行知识管理、业务流程管理等全新的管理创新，还要从微观层面用创新的理念和方法实施具体的管理活动，任何管理活动均要有创意、都要在创新的环境下展开，图书馆的管理者和工作人员都要积极参与微观层面上的创新。图书馆创新管理，不能仅停留在宏观层面上，必须把其扩大至具体的管理活动操作中、图书馆创新管理的实施操作要按以下要求进行：

（1）勇于创新，大胆改革。组织内部自上到下都要破除封闭保守、被动的局面，大胆创新服务方式，变革传统的工作模式，进行业务工作的改善。主管领导要鼓励员工提出创新意见和建议。

（2）上级支持，员工全面参与。创新管理首先要获得上级管理部门的支持，然后还必须组织内部各部门及工作人员积极配合，推动创新服务的成功。

（3）沟通协调，形成合力。管理创新方案提出后，需要财力资金和人力资源的支持，还应在工作程序上进行调整。这都需要通过各部门、上级主管及全体馆员之间良好的沟通协调，形成合力，然后推行创新方案。

（4）激励支持。图书馆对馆员的激励与支持，是其创新方案提出的重要因素。图书馆领导要以人力、物力及资金的支持，协助部门间的沟通，使创新方案得以落实。

（5）组织学习，积累经验。管理创新的推进是一种组织学习的过程，在推进中无论是研究创新服务方式，设计服务机制，还是进行可行性评估、市场调查、效益评估，均要让参与的人员得到学习经验。

（6）积累到宝贵经验，持经济效益原则，进行可行性分析。创新活动的推行要研究进行成本效益。图书馆要组织投入多少人力、物力和财力，有多少用户能够接受。图书馆推出创新措施后，受惠的用户有多少，投入的资源是否成比例，都要认真地进行经济性研究。

二、图书馆资源战略管理的层次与程序

（一）图书馆战略管理的层次

图书馆的战略具有不同的层次，它的战略管理也在不同的层次上进行。现代图书馆的战略一般分为国家图书馆事业战略层次、地区（系统）图书馆战略层次、单位图书馆战略层次和图书馆职能层次的战略。

1.国家图书馆事业战略。图书馆事业战略是指导图书馆事业发展的总体规划和部署，它指导不同图书馆的决策和重大发展策略路线。整体事业战略是在全面分析我国图书馆整体事业的实际情况的基础上建立的，它主要的目的是明确制定我国图书馆的发展重点和总体方向，制订总体的发展目标和发展战略规划，作为各图书馆的总体发展纲领。

2.地区（系统）图书馆战略。地区图书馆战略主要是以行政隶属关系或行政区域为单位，在各系统或各地方范围内建立图书馆战略。在不偏离国家整体图书馆事业战略指导的情况之下，每个系统要结合实际分析本系统图书馆的特殊性，结合各地区经济、政治、社会文化发展状况，制订符合各地区或系统的图书馆战略计划，提出各图书馆建设发展的具体要求和总体目标，确定其战略阶段和主要战略规划和战略重点，全面贯彻落实国家整体图书馆事业战略。

3.单位图书馆战略。作为图书馆战略管理的重中之重，单位图书馆战略起着统揽全局的重大作用，它主要是国家图书馆事业战略和地区（系统）图书馆战略的一个延续，由单位图书馆战略决定图书馆事业的整体发展水平。它决定图书馆职能层战略的制定和实施，同时明确了图书馆发展方向。所以，通常所说的图书馆战略管理一般指这个层次的战略。与其他相比，图书馆的单位图书馆战略非常具体，是我国每个基层图书馆的管理者按照地区(系统)图书馆战略、国家整体图书馆事业战略，针对本单位外部环境和内部资源条件、用户群体类型、用户信息需求的满意程度等方面因素确定的图书馆战略，主要目的是满足用户的信息需求，发挥各具体图书馆的功能，实现图书馆的社会价值。单位图书馆战略包括：确定信息资源的范围重点，确定单位图书馆的时代使命以及发展方向，结合自身特色制定战略目标和主要战略措施等。

（4）图书馆职能层战略。在中小型图书馆，一般情况下图书馆职能层战略与单位图书馆战略合为一体。主要目的是为了提高各种资源配置效率，通过实现职能战略相互支持和补充，从而保证单位图书馆战略的实现。职能层战略由一系列详细的方案和计划组成，时间跨度较短，还具有行动导向性。图书馆职能层战略需要基层管理人员和员工积极参与制定。

（二）图书馆战略管理的程序

1.图书馆战略制定的环节

图书馆战略的制定是一个连续、复杂的过程，也是一个不断探索和创新的过程。想要做好战略制定工作，就必须抓好以下各环节。

（1）构建图书馆战略管理委员会。在战略管理的初始阶段，要由图书馆主要领导机构负责战略决策制定、内外环境的分析、具体的工作。战略管理委员会的成员不仅要有战略管理专业人员、馆内高层领导，还要有图书馆的专业技术人员、图书馆用户以及图书馆各主管部门人员。

（2）对图书馆内外情况的合理分析。分析图书馆的内部条件和外部环境的优势与劣势、机遇与挑战，这样非常利于发现用户的真正需求和图书馆服务过程中存在的主要问题。

（3）战略决策过程。要面对图书馆的战略性问题，必须得对未来的设想和对照理想与现实之间的差距来制订有效可行的战略方案，同时又进行战略方案的挑选。其大致步骤主要包括：规定图书馆的目标和使命；战略目标的制定和研究；战略方案的挑选。

（4）战略制定的具体化过程。图书馆一旦制定了战略，就会通过各种具体化方法转换为可以在现实生活中具体实施的行动计划。

2.图书馆战略管理的执行

在整个战略管理中最为关键的工作是战略的执行，不管多么科学的战略只要不具体实施，都是没有任何价值的战略。图书馆战略的执行主要是为了贯彻落实已经制订好的方案而进行的各种各样的活动，主要包括下面两个方面的内容：

（1）建立与其相对应的组织机构。图书馆战略管理需要我们把一个高效率的组织机构建立起来。第一，要有明确的目标，把战略目标作为导向；第二，要协调一致，因为只有协调才能降低其内部各方面的损耗；第三，也需要合理科学的授权，组织的各部门都要有一定的权限，任何人不能随心所欲地干预下级的各项决定。

（2）要把战略执行责任落实到具体的部门或者个人，战略执行必须经过层层分解在时间上，要明确各单位什么时候能够完成任务、达到怎样的战略目标；在空间上，要明确各单位、各部门的具体任务或者目标。在战略执行的过程中，部门管理者需要增强其领导和指挥，同时又需要培训和指导图书馆馆员，让他们能够了解并掌握图书馆的各项战略，并且具备执行战略方案的能力。还必须时时刻刻关注内外界因素对图书馆造成的各种不利影响，并对其进行有效分解。

3.图书馆战略管理的控制

在战略实施过程中，图书馆战略控制是为了保证图书馆战略规划的执行而进行的纠偏行动。通过对战略的控制，可以及时克服在战略执行中存在的各种问题，并及时进行纠偏并完善战略管理；同时，又可以被作为重要依据来评价战略管理及其目标的实施效果。图书馆战略控制过程主要包括以下内容：

（1）制定评价标准。评价标准是用来衡量是否能够达到图书馆预期战略目标的标准，同战略目标要求一致，它也包括各种定性标准和定量标准。

（2）评价工作成绩。图书馆管理者需要通过观察报表、报告、抽样调查、召开会议等多种方式来获取图书馆实际工作绩效方面的信息和资料，并把图书馆战略管理中取得的实际成绩与评价标准进行比较。

（3）反馈与纠正偏差。为了实现图书馆战略控制的目标，需要发现控制过程中存在的不足，分析其产生的原因，并采取有效合理的纠正措施。

第四节　图书馆资源质量管理

一、图书馆的全面质量管理

（一）图书馆全面质量管理的内容与特征

全面质量管理是指一个组织以质量为中心，全员参与为基础，目的在于通过让顾客满意和本组织所有成员从社会受益而达到长期成功的管理途径。

图书馆全面质量管理的概念可以表述为图书馆以全面质量为中心，以各部门、各层次和全体员工参与为基础，通过综合运用现代管理技术、专业技术和现代化设备，建立健全质量保证体系，对各业务流程的设置和运行进行全面控制，做到以最经济的方式提供给读者最满意的信息产品与信息服务，使读者、图书馆的全体员工和社会都受益，从而达到长期成功的管理途径。

l. 图书馆全面质量管理的基本内容

图书馆的全面质量管理，指的是图书馆为了能够提高服务质量、信息传递能力以及馆藏量，针对各部门制定的，运用专业的管理理念、教育理念以及经济手段和科学技术来设置的一套全面的质量体系。

（1）图书质量管理。图书资源是图书馆的核心，提高图书馆管理质量要先从提高图书管理质量开始。图书品种是否完备，图书更新速度快慢与否，图书的保管是否妥善都能够体现图书馆图书质量的管理水平。

（2）服务质量管理。图书馆本质上是一个学校的行政服务机构，它存在的根本目的就是为读者的学习和工作而服务。因此，图书馆人员的服务质量是图书馆全面质量管理中重要的方面。在图书馆全面质量管理中，只有稳步提高图书馆人员工作质量才能够真正健全质量管理制度。

（3）信息质量管理。随着科学技术和现代化技术的发展加快，很大一部分图书馆都需要扮演一个信息传递载体的角色。读者常常需要在图书馆了解信息。因此大部分图书馆建立了电子阅览室和网络图书馆。无论是网络服务还是网上资料下载，都离不开图书馆信息质量的管理。所以，在图书馆全面质量管理中，对于信息质量的管理也是不能忽略的一部分。

2.图书馆全面质量管理的主要特征

（1）全员参加。全面质量管理的成功与否，在一定程度上取决于全体工作人员对它的接受程度。全面质量管理不仅是少数管理者的事情，还需要从图书馆高层领导者到一般员工都参加到质量管理工作中来。全面质量管理还强调了要调动人的积极性，发挥人的创造性，让每个人意识到自己在质量管理体系中担负的重要的角色，以主人翁的态度解决工作当中出现的各种问题，同时要在馆里创造一个人人关心服务质量，人人为服务质量负责的氛围，让每个人的才干都能得到发挥，体现以人为本的思想。

（2）TQM是一种过程管理。图书馆所提供的信息产品不管是传统的纸质文献信息，还是些文献信息及网络信息的，都存在着一个收集、生产、提供利用的这样一个过程链条，每个工作环节的工作人员既是上一个环节的顾客，又是下一个环节的供应者。链条中的每一个环节都为产品的质量形成做出了贡献，要获得图书馆服务的高质量，必须对每一环节进行控制，消除各环节中的不合理因素。一旦发现问题要及时纠正，这样才能保证图书馆能拿出高质量的信息产品和服务来满足最终用户（读者）的需求。

（3）强调数据记录。数据是质量管理的基础，也是处理质量问题的依据。全面质量管理强调凡是与质量有关的工作都要做记录，在有记录的基础上，采用科学的方法，对数据进行统计分析，通过合乎逻辑的分析做出结论，从而为管理者做出正确的决断提供可靠的依据。其目的是坚持实事求是的作风，让数据说话，从而改变凭主观印象、凭感觉、凭经验的工作方式。

（4）重视用户（读者）满意程度。服务是贯穿图书馆发展的主线，是图书馆的核心价值观。自从计算机和网络技术在图书馆得到充分应用后，传统图书馆原来存在的问题(比如开放时间受到限制、文献与读者存在着"地理间隔")已得到缓解，许多计算机用户（读者）不用到图书馆便随时可以获取所需要的信息。尽管信息技术的发展改变了读者利用文献与图书馆的方式，但图书馆服务的宗旨没有改变。图书馆发展的最终目的是为社会与读者提供更好的服务，失去了读者，图书馆就失去了生存的意义。因此，我们仍然需要把为读者提供更好的质量服务放在工作的首位。

（5）持续改进。伴随着互联网的迅速发展，各行各业的改革也在不断深入，越来越多的部门走向市场经济，与国际接轨，同时计算机用户（读者）对图书馆的期望值也越来越高。所以图书馆馆员应该迅速适应新形势的变化，对自己提出更高要求，持续改进是图书馆的一个永恒目标，与我国现行的图书馆评估制度相比，全面质量管理十分重视图书馆的可持续发展，认为"最好"只是一时的标志，"更好"才是永恒的追求。

（二）图书馆全面质量管理的原则与特性

所谓图书馆全面质量管理，是指图书馆为保证和提高信息服务质量，动员图书馆各部门和全体员工，综合运用管理技术、专业技术、思想教育、经济手段和科学方法，建立健全服务质量保证体系，对服务的全过程实行有效控制，从而为经济的开发、生产和提供用户满意的信息产品与信息服务，做到最适质量、最低消耗和最佳服务，最终实现不断提高服务质量的目标。

1.图书馆全面质量管理体系的原则

图书馆开展全面质量管理活动应遵循一定的原则，依据相关原则来制定管理方针。图书馆构建全面质量管理活动的原则主要包括用户满意、用户评价、持续改进、过程概念四个原则。

（1）图书馆要坚持用户满意原则。图书馆管理活动的最终目标是满足广大用户的需求，其服务对象是所有的读者，要提高图书馆的工作质量就要对用户高度负责，充分利用现有的各种资源，采取多种方式，制定符合用户需求和期望的管理方针，用最丰富的资源、最优化的效益来最大限度地满足目标用户的需求。

（2）图书馆要坚持用户评价原则。用户的评价是衡量图书馆质量的一个重要工具，是促进图书馆事业发展的重要因素。用户对图书馆的客观评价是图书馆持续改进工作的客观决策依据。用户评价结果是建立图书馆信息资源、决策重大问题、制定管理制度、评价馆员工作等方面的重要依据。

（3）图书馆要坚持持续改进原则。随着社会不断发展，科技、信息技术水平不断提高，用户对信息资源需求呈现了多元化、多层次的趋势，所以图书馆必须适应大环境的变化，对全面质量管理体系进行不断更新和改进，让管理系统呈现动态化的状态。

（4）图书馆要坚持过程概念原则。图书馆要用标准过程来控制管理的质量。全面质量管理体系要制定相应的管理制度，对每项工作、每个馆员、每个管理环节都制定出标准的规定，使得图书馆的工作能够有章可循，能够控制工作流程、环节正常运转。

2.图书馆全面质量管理体系的特性分析

（1）符合性。有效开展质量管理必须设计、建立、实施和保持质量管理体系组织的最高管理者对依据国际标准设计、建立、实施和保持质量管理体系的决策负责，对建立质量合理的组织结构和提供适宜的资源负责。

（2）唯一性。质量管理体系的设计和建立，应结合组织的质量目标、产品类别、过程特点和实践经验。因此不同组织的质量管理体系有不同的特点。

（3）系统性。质量管理体系是相互关联和作用的组合体，包括：①组织结构——合理的组织机构和明确的职责、权限及其协调的关系；②程序——规定到位的形成文件的程序和作业指导书，是过程运行和进行活动的依据；③过程——质量管理体系的有效实施，是通过其所需要过程的有效运行来实现的；④资源——必需、充分且适宜的资源，包括人员、资金、设施、设备、料件、能源、技术和方法。

（4）全面有效性。质量管理体系的运行应是全面有效的，既能满足组织内部质量管理的要求，又能满足组织与顾客的合同要求，还能满足第二方认定、第三方认证和注册的要求。

（5）预防性。质量管理体系应能采用适当的预防措施，有一定的防止重要质量问题发生的能力。

（6）动态性。最高管理者定期批准进行内部质量管理体系审核，定期进行管理评审，以改进质量管理体系，还要支持质量职能部门（含车间）采用纠正措施和预防措施改进过程，从而完善体系。

（7）持续受控。质量管理体系所需求过程及其活动应持续受控。质量管理体系应最佳化，组织应综合考虑利益、成本和风险，通过质量管理体系持续有效地运行使其最佳化。

（三）图书馆全面质量管理的构成要素

1. 对质量的全面承诺。在全面质量管理中，"全面"一词特别重要，因为图书馆若想实施全面质量管理，先要做的就是进行全面承诺。图书馆高层管理者必须充分承诺执行全面质量管理工作的原则，并且这一承诺要在整个图书馆中表现出来。质量进程应从最高层开始，让高层管理者接受质量管理的理念，并鼓励整个组织采纳它。图书馆管理者要保证为全面质量管理计划提供必需的资源，通过全面质量管理为用户提供所有的产品和服务，认真检查、研究图书馆所有的工作程序和过程，从而找出质量不高的原因。应在整个图书馆中普及全面质量管理这种共同语言，增强全面质量意识，让员工不仅能自如使用，而且能满腔热情地承担责任，从而使承诺弥漫于整个图书馆之中。对全面质量管理的全面承诺还要反映在图书馆的使命、愿景和长短期目标中，战略计划也应强化这一承诺。在图书馆开展关于全面质量管理的哲学、期望和利益的有效交流是一项必不可少的程序，图书馆高层管理者在准备的最初阶段就应充分利用这一举措，通过各种形式宣传有关全面质量管理的知识，使其遍及图书馆的每一个角落。

2. 以用户为导向的服务。图书馆是社会最好的服务组织之一，图书馆馆员一直把为用户服务作为工作哲学。然而，随着环境的变化、社会的发展以及技术上的突破，用户对图书馆的要求也在不断发生着变化，可以说，用户对图书情报服务提出了越来越高的要求，他们渴望从图书馆获得更多样、更高级的产品和服务。因此，作为以服务为导向的组织，图书馆只有对这种不断变化的需求做出反应，不断改进服务质量，为用户提供满意的服务，才能保持自身的存在和发展。全面质量管理强调对外部顾客（用户）的关注，但也对内部顾客，也就是图书馆工作人员的需求给予同等关注，这也正是全面质量管理优于其他管理方法的特征之一。作为全面质量管理的一部分，图书馆应对其所处的环境有一个整体了解，也就是说对用户满意水平要经常进行调查，从而了解他们不断变化的需求，并通过各种努力加以满足，也只有这样，图书馆才能繁荣发展。

3. 消除重复工作。全面质量管理的主要原则之一是把工作做得更好和为用户提供增值产品和服务。全面质量管理要求图书馆根据用户需求，简化工作过程，使一些不必要的工序被取消，并且保证工作一次性做好，消除返工的可能性：因修正以前所犯的错误、重做无用工作以及不会给产品或服务增值的工作。

4. 协同工作。在执行全面质量管理原则时，若没有协同工作的精神是不可能取得进展的。无论是一个部门内的问题，还是各部门间的问题，都应在团队中加以解决，因为团队更好地显示了"自我指向的工作组"的特点。团队把在一个区域内工作的大多数或所有员工集中起来，去改进各自领域的质量，全面质量管理团队的所有成员将共负责任，从"团队学习"中获益团队可以由来自图书馆一个部门的人员构成，也可以是跨部门团队。团队工作重心可以集中在图书馆的多个方面，既可以对他们工作的结果进行评估，也可以通过研究如何改进工作方式来改进某项特定服务。

5. 培训。要实施全面质量管理，广泛的培训是必不可少的。一个有效的全面质量管理过程，需要对资源特别是对高强度培训的承诺，领导培训、图书馆馆员培训、特定计划培训和部门培训是使全面质量管理成功实施所必需的人力资源投资的一部分。适当的培训将为图书馆提供全面质量管理骨干，然后，他们可以再向其他人传授在他们各自的领域中如何实施全面质量管理的知识和技巧。通过培训来传授如何能适当使用全面质量管理工具和技巧，将给图书馆带来巨大回报卓越的图书馆服务是一个永恒向前移动的目标，而培训则能够创造框架和结构，帮助指导图书馆追求质量改进。

6. 授权员工和尊重员工。全面质量管理的特点之一就是引起图书馆内文化的变化，决策将由图书馆中最基层的员工做出。今天，许多大型图书馆仍是等级结构，大多数决策仍是由最高管理者做出的。在这种等级结构中，图书情报人员未受到应有的尊重。

7. 持续改进。全面质量管理是一项很复杂的工作，从某种意义上说，不应把全面质量管理描述成一个"事情的变化"，它应是一种"生活方式"，图书情报服务和知识信息产品质量的持续改进是使用全面质量管理的主要理由。

（四）建立图书馆全面质量管理的重要性

1. 建立图书馆全面质量管理的可行性

（1）从管理的目的看，全面质量管理的实质与图书馆的宗旨一致。图书馆以服务用户为己任，质量一直是图书馆工作的一个具有战略性的问题。各图书馆所采取的质量改进策略可能会有所不同，但改进服务从而提供最高质量的产品这一目标永远是我们职业精神的一个组成部分。因此，对图书馆来说，建立一种评价绩效的机制是很需要的，而全面质量管理正是一个以了解用户需要、提高服务质量和满意度为中心的系统过程。此外，全面质量管理还强调持续改进，一个承诺满足用户要求、保证用户满意的图书馆就可以把全面质量管理作为持续评价和改进图书馆服务的有效战略。图书馆一直在努力改进服务和更好地满足用户需求，这两个目标与全面质量管理是直接相关的。因此，全面质量管理在本质上与图书馆的宗旨是一致的。

（2）从理论上看，图书馆全面质量管理的研究不断深入。进入 21 世纪后，研究图书馆质量管理的文献猛增，从不同角度探讨了质量管理在图书馆的应用，其研究主题几乎涉及图书馆工作的各方面，诸如图书馆人力资源质量管理、图书馆读者工作质量管理、图书馆清产核资质量管理、图书馆采访工作质量管理、图书馆文献资源建设工作质量、图书馆编目工作质量管理等。

（3）从实践上看，全面质量管理理论在图书馆管理中得到证实。目前，全面质量管理已为各种类型的图书馆所采纳。

2. 建立图书馆全面质量管理的必要性

（1）可提高服务质量。图书馆引进质量管理的思想和方法措施进行质量控制，建立质量约束机制对图书馆的服务质量无疑起到了积极的作用。图书馆工作的各环节采取有效的质量管理，树立馆员的质量意识，改善图书馆读者服务工作是需要一个部门的多个人和多个部门共同配合完成的。质量管理体系不仅要对直接与读者打交道的流通、阅览、咨询、检索等环节工作做出详细要求，而且也要对间接为读者服务的部门提出上一环节为下一工序服务的要求。即凡是接续上一部门工作进行再加工的下一部门，就是上一部门的"顾客"，必须替下一部门着想。例如，对采访部门来说，分编部门就是它的"顾客"，而阅览、流通等部门又是分编部门的"顾客"，它使得图书馆每个部门、每个人都明确自己工作的"顾客"是谁，从而保证自己所完成工作的质量不仅达到质量要求还能流向下道工序，而且一定要使下道工序的"顾客"满意才行，从而提高整个图书馆的工作质量。

（2）可保证工作质量的稳定。在管理中，应确定本馆的质量方针与目标，应确定各岗位的职责与权限，还应建立质量体系并使其有效运行。质量管理不仅注重人的主导地位，更注重管理活动各环节质量的尺度与调控。质量体系的文件化，增加了图书馆工作的稳定性。图书馆质量管理体系的有效运行，是图书馆为读者提供长期优质高效服务的保证。

（3）可促进工作的规范化。引进质量管理方法，建立起本馆的质量体系，可通过确定组织机构与职责、程序文件、岗位工作指导书等，明确各部门、各岗位人员职责与权限，明确各项工作的程序及其控制原则与方法，明确各工作环节之接口的处理方法及各自的责任，明确各工作岗位的具体工作流程与行为规范，从而增强图书馆工作的个体规范性，提高馆员的工作规范化意识。

（4）可持续改进。为了改进机构任务中关键的流程，持续改进并使用了一系列特有的方法、工具和测度，以便系统地收集和分析数据。持续改进的要素包括两个方面：一方面是改进哲学；另一方面是一系列问题解决工具和技巧。其中问题解决工具有头脑风暴法、流程图、控制图、因果图等，利用这些图表可以显示出一个机构的工作流程如何，它的基准是什么，变动出现在什么地方，须解决的问题的相对重要程度及所产生的变化是否已达到预期的影响等。要进行持续改进，须具备一个简单的前提，即一个结构化的解决问题的过程会比一个非结构化的解决问题过程产生更好的效果。不像传统方法仅仅是以一种不明确的、直觉的方式去做得更好那样，持续改进以量化绩效指标为基础，使图书情报机构能建立起可测度的目标，并监控趋向于这些目标的进程。

3. 建立图书馆全面质量管理的意义

（1）有利于图书馆馆员工素质的提高。全面质量管理是全员参加的管理活动，要求每一位员工不仅在业务工作上要掌握全面质量管理的新思想、新技术、新方法，而且在思想观念上也要树立"质量第一，质量就是图书馆工作的灵魂"的质量意识，"用户是上帝，一切以满足用户为出发点"的服务思想，"团结协作，为共同的目标而奋斗"的团结精神，并且以尊重员工的人格和主人翁的地位来培植员工的主人翁意识。这种意识会使员工自觉地、心甘情愿地为组织目标的实现而努力工作，积极主动地关心图书馆质量管理工作，为推动全面质量有效实施而全身心地投入。同时重视员工的智力开发和应用，提供教育和培训，旨在推进和提高全体员工素质和质量管理水平，实际上在图书馆推行全面质量管理也就是不断提高员工素质的过程。

（2）有利于文献资源的开发与利用。图书馆推行全面质量管理的最终目的是用质量的观点充分开发和利用文献资源，有效地服务于社会，使其产生更大的社会效益和经济效益。为达到这一目的，图书馆必须全方位、多层次、积极主动地为社会和用户提供高质量的服务产品，这是推行全面质量管理贯穿始终的指导思想和根本原则。在这一指导思想和原则的推动下，图书馆一方面要积极改变目前的管理机制，强化图书馆的服务质量；另一方面要积极去争取用户、占领市场争取用户、占领市场靠的是质量服务，以高质量的服务去感化用户、吸引用户、留住用户、扩大用户。用户多了，自然会推动文献资源的开发与利用，形成良性循环。

（3）有利于图书馆走出困境。目前，我国图书馆事业的困境主要表现为经费严重短缺，由此而派生出的一系列困难与问题，带来了一些恶性后果。尽管近年来不少图书馆开展了一些创收活动，取得了一些效益，但仍未摆脱这种困境。问题是多方面的，但主要原因还是管理问题，尤其是缺乏质量管理。一方面有些图书馆为创收而创收，没有摆正服务与创收之间的关系，影响了工作质量和服务质量；另一方面缺乏一套严格的质量管理体系。图书馆尽管也在为用户、为社会提供服务，也是当前变革和形势发展对图书馆提出的客观要求，是图书馆管理的实际需要。在图书馆推行全面质量管理也是图书馆管理上的一场深刻变革，它将使图书馆的管理思想、管理作风、管理内容、管理方法及整个管理组织发生深刻的变化，将有利于图书馆管理和图书馆事业朝着科学化、合理化、现代化等方向发展。

二、图书馆信息产品质量管理的流程

质量管理发展到全面质量管理，是质量管理工作的又一大进步。统计质量管理着重于应用统计方法控制生产过程质量，发挥预防性管理作用，从而保证产品质量。然而，产品质量的形成过程不仅与生产过程有关，还与其他许多过程、环节和因素相关联，这不是单纯依靠统计质量管理所能解决的。全面质量管理相对而言更加适应现代化大生产对质量管理整体性、综合性的客观要求，从过去限于局部性的管理进一步走向全面性、系统性的管理。

（一）信息产品的属性与分类

信息产品是指在信息化社会中产生的以传播信息为目的的服务性产品。

I. 信息产品的本质属性

信息产品作为现代经济活动的一种最重要产出成果，作为现代产品的一个重要组成部分，其本质属性有以下方面：

（1）信息产品是信息含量很高的产品。信息产品是对未经加工的信息资源进行加工，或对已加工的信息资源进行再加工而形成的产品，是开发信息资源的结果。信息产品以信息为原料，并在其生产过程中加入人们的信息劳动，这使得信息产品中必然包含着很多的信息，可以说，信息是构成信息产品的主要成分，信息产品中的信息成分远大于物质产品中的信息成分。虽然物质产品中也包含着信息成分，但形成物质产品的原材料是物质，其产出物也是以物质成分为主。以信息为其生产过程的起点和终点是信息产品的一个重要的本质属性。

（2）信息产品是信息劳动的结晶。信息产品的第二个本质特征在于它是信息劳动的结晶。这一本质属性包含着两个方面的内容。一方面，信息产品首先必须是劳动的产物，没有经过劳动加工，其中没有凝结人类劳动的信息资源不是信息产品，自然界的动植物和其他自然现象所发出的信息和人类社会中产生的原始信息都不是信息产品。这是信息产品区别于一般信息的重要标志。另一方面，信息产品还得是以信息劳动为主而形成的产品。信息劳动是一种智力劳动，而智力劳动是对智力要求较高而对体力要求较低的劳动，信息劳动是由知识进步所引起的、为满足人类发展需要的一种智力集约化劳动。在信息产品的生产和提供过程中，智力占有相当大的比例。从一般意义上说，信息劳动与信息活动有关，而并非所有的智力劳动都是信息劳动。

（3）信息产品是以满足人们的信息需求为主的产品。任何产品都能满足一定的社会需求，人们的需求可分为物质需求和精神需求两大类，信息需求是人们在工作、生产和生活中对信息、知识和情报等的需求，信息需求的目的可以是满足精神方面的需求，也可以是为了更好地满足人们的物质需要。而信息产品既可以用来直接满足人们的精神需要，也可以用于物质产品的生产和信息产品的生产，从而生产出质量更高、性能更好的物质产品和信息产品，间接地改善人们的物质生活和丰富人们的精神生活。

2.信息产品的类型划分

信息产品丰富多彩，类型众多，可按不同的标准进行分类。

（1）与物质载体具有不同关系的信息产品。按照信息产品是否固化在其物质载体上，可将其分为有形信息产品和无形信息产品两大类。

①有形信息产品是指必须依附于物质载体存在的信息产品，也可称之为信息物品。按其内容是否随物质载体的变化而变化的程度不同，有形信息产品又可分为两类：第一类有形信息产品是其内容不随物质载体形态的转换而改变的信息产品，如科技信息产品、经济信息产品等都不会因其物质载体的改变而发生变化，绝大多数有形信息产品都属于这一类；第二类信息产品是因物质载体形态的转换而改变其内容的信息产品，如工艺、美术方面的信息产品。

②无形信息产品是指无固定物质载体的信息产品。这类信息产品是可以脱离物质载体而存在的，或者以人脑为贮存载体，或者以声波、电磁波、数字化形式存在的一种特殊的信息产品，特点是不易积累和保存。在课堂教学、广播电视服务、口头咨询服务中，用户只能得到无形的信息。也有人将无形信息产品称之为信息服务。

（2）不同加工深度的信息产品。信息产品的生产主要是对信息进行不同程度的加工和处理。按照生产者对信息产品中信息内容的加工深度不同，信息产品可分为零次信息产品、一次信息产品、二次信息产品和三次信息产品。

①零次信息产品是指只有信息的收集而未经加工的信息产品，是信息产品中最初级的产品形态。

②一次信息产品是经过科学研究而得到的信息产品，如论文、专著等。

③二次信息产品是对一次信息产品进行浓缩、编排而形成的信息产品，如书目、文摘、索引等。

④三次信息产品是在利用二次信息产品的基础上，对一、二次信息产品进行综合、浓缩加工而成的信息产品，如综述、述评等。

（3）不同劳动特征的信息产品。根据劳动特征不同，可以将信息产品划分为以下类型：

①物质型信息产品。物质型信息产品，即将同一信息内容和信息量重复翻印而得到的信息产品，此类信息产品类似于物质产品生产，故称之为物质型信息产品，如书刊、音像制品等。

②扩张型信息产品。扩张型信息产品，即不断拓宽其信息内容和范围并且增加其信息含量的信息产品，如二次信息产品、数据库等。

③深化型信息产品。深化型信息产品，即对同一内容不断深入加工并且增加其信息量的信息产品，如研究报告、学术论著等。

④特殊型信息产品。特殊型信息产品，其信息内容随载体的变化而变化的信息产品，即第二类有形信息产品。

此外，信息产品还可以按其内容的学科性质不同划分为科技信息产品、经济信息产品、政治信息产品、法律信息产品、军事信息产品等类型；按其功能不同划分为决策性信息产品、控制性信息产品、调节性信息产品、组织性信息产品等；按其载体形式不同可划分为口头信息产品、文献信息产品和实物信息产品；按其交流方式不同可划分为无偿交流型信息产品和有偿交流型信息产品。

（4）数字化、网络化信息产品。数字化产品和网络化产品是属于信息商品范畴的，它们是信息商品的新发展形式。

①数字化产品。数字化产品就是信息内容基于数字化格式的交换物。数字化产品包括：表达一定内容的数字化产品即内容性数字产品；代表某种契约的交换工具型数字化产品。数字化产品的物理特征有不易破坏性、可改变性、可复制性三个方面。

第一，不易破坏性是指数字化产品的存在依托于一定的物质载体，但是物质是可损坏的，而数字化产品本身是不易被破坏的，只要数字化产品能被正确地使用和存储，那么无论你反复使用多少次，数字化产品的质量都不会下降，它是没有耐用与不耐用之分的。

第二，可改变性是指数字化产品的内容是可以改变的，它们很容易被定制或随时被修改，生产商不能控制其产品的完整性。数字化产品一旦在网上被下载，就很难在用户级上控制内容的完整性，尽管有些办法可以验证数字产品是否被改过，如加密技术和数字签名，但程度和范围都非常小。

第三，可复制性。其实大量的信息产品都有可复制性，但是这里是特指复制的边际成本几乎为零的可复制性。这种特性一方面给数字化产品生产者带来了丰厚的利润；另一方面数字化产品的可复制性又为数字化产品的盗版活动提供了边际生产成本低廉的制造基础，从而给数字化产品生产者带来了巨大的经济损失。

数字化产品的经济特性除了具有信息商品的特性外，还有自己的特点，表现为易被定制化和个性化。数字化产品中包含了大量的信息，相同的信息可以用不同的外在形式来表现，如用不同的字体、背景颜色和图片等来表达相同的信息，这主要源于数字化产品的可改变性，因为数字化产品易被改变，所以生产商就可以参考消费者的需要，提供其个性化的产品和服务。

②网络化产品。网络化产品是以网络为载体的信息商品，这些产品都可以用专门网站提供的搜索引擎来查找，继而消费。网络化信息产品不但具有一般信息产品的内在特征，它还有如下一些更为独特之处：

第一，及时性。网络信息产品的购买者可以在生产者刚在网上开始销售该产品的同一时刻及时得到它。

第二，低成本性。由于网上下载或订阅信息产品，消费者无须提供信息产品的载体(如磁带、光盘等)，因此销售成本将更低。另外，由于网上销售的市场是覆盖全球的，因此它将激发更多潜在群体的购买欲望。

第三，易被知性。网络信息产品除通过各种广告和其他媒体的宣传外，一旦它与搜索引擎连接，真正需要它的人会很快通过关键词的检索而得到。

第四，充分共享性。信息生产商将加工的信息产品存储在数据库中，可以供成千上万的浏览者在同一时间调用，这种由全球大量用户同时享用同一产品的情形只可能在互联网上才能进行。

第五，可追溯性。网络信息产品如报纸、杂志等除了销售最新的以外，用户还可以购买以往发行过的任何一期，这也是传统媒介中难以做到的。这两种信息产品是可以脱离载体存在的，它们可以通过电磁波等形式传播，而且很容易共享，是比传统信息产品更为先进的信息产品形式。

（二）图书馆信息产品质量的确立

l. 经营原则的确立

市场是企业经营管理的出发点和归结点，是企业一切管理活动的依据。所有成功的管理都是从外到内，依据市场情况决定管理的原则、方式和方法的。这一点同样适用于在市场环境中的图书馆信息产业。以市场为中心的管理定位需要处理好以下关系：

（1）现实需求与潜在需求的关系。市场的现实需求需要企业通过市场调查和分析确定各种需求的内容，并调动力量以满足需求。潜在的需求则需要企业在市场调查和分析的基础上发挥创造力和想象力，预测市场潜力，进行风险决策，以创造需要。无论是满足需要还是创造需要，企业均须确立正确的市场定位，包括选准目标市场以及在市场中确立自己的位置。选准目标市场是信息产品开发的首要问题，图书馆信息部门必须经过研究和调查以摸清用户的信息需求，然后根据自己的实力和条件有针对性地生产多品种、系列化产品。

（2）市场变化与企业特点的关系。市场总是变化莫测，用户的信息需求会随着社会环境的变化而变化，而不同的市场变化也有不同的信息需求，并形成各自需求特权。一般而言，用户都对信息服务的针对性、可异性和时效性要求很高，图书馆信息部门在塑造产品与众不同的个性时，同时必须有力塑造企业自身鲜明的形象，从而使产品在市场中确立自己的位置，形成自己的风格。

2. 运行机制的确立

以人为中心，从根本上说是探索解决人的权利和需要的合理途径，即建立有效的运行机制。在图书馆信息部门中所谓的"人"包括：馆级领导、职工、用户、经营业务主管。有效处理好这四者的关系将有利于企业的正常运行。很显然，传统的运行机制和管理体制已经无法满足信息产业发展的需要，面对激烈的市场竞争，图书馆信息产业部门有必要建立一套信息开发与利用分配机制、责权机制、激励机制、动力机制等。

（1）责权机制。信息产业部门，不管规模大小，均应该实行经济目标责任制，责任到位在规定的权力范围内，自主经营，独立核算。经营责任者在职权范围内有一定的决策权、管理权和人事聘用权以及合理开支的财权。为防止出现总体管理的失控与不协调，出现各自为政的现象，在市场经济环境下，随着竞争机制所形成的灵活、分权、分散化的管理趋势，必须同坚强的统一领导与协调相结合，必须制定科学的集体决策，大事和宏观上坚持统一领导与控制，制定切实可行的统一规章制度，经营责任人由馆级领导聘任。

（2）利益分配机制。责权利统一，分配机制必须同责任制相对应，责任制管理机制才能真正发挥效力。对信息产业部门实行馆、部门、个人兼顾，以馆为主，贯彻效益优先、兼顾公平、奖励优秀的分配原则。

（3）激励机制。职工是任何企业发展之本，企业运行好坏，关键在于企业内部的职工是否具有高度的凝聚力和集体荣誉感，以及很强的责任心。而这一切的形成需要长时间的积累，同时包括企业经营者的认同和赞赏，也就是说企业内部必须有完善的激励机制，来鼓励职工的首创精神，充分调动职工的积极性与创造性。

3. 效益观念与风险观念的确立

（1）效益观念。信息产业是一项高效益、高回报的行业。但是图书馆信息产业作为一个经营型部门，面对市场经济的双刃剑，回避不了客观存在的"投入产出"法则，企业必须以"减少投入，增加产出"作为自己的效益目标，在投入不变的情况下，高质量的产出会带来高效益，这是由顾客对产品和服务的质量期望带来的。

（2）风险意识。在企业经营中效益与风险是同时存在的，高效益也就意味着高风险。在信息产品的开发中，其风险存在决策、经营、信用、选题策划等各方面。可以说效益无处不在，风险无处不在，要想获得高效益就必须具备风险意识，在经营中制订合理的规划，回避风险，做到有的放矢，不打无把握的仗。

4. 信息产品开发策略的确立

（1）确立竞争优势。在信息公司林立的今天，图书馆面临着激烈的市场竞争，要争得一席之地，关键在于认清自身优势，确立其在市场竞争中的地位。目前图书馆所具备优势主要有以下方面：

①资源优势。信息资源是图书馆开发信息产品的基础，图书馆拥有全面系统、浩如烟海的信息资源，除拥有大量的印刷型文献外，许多图书馆还拥有非印刷型文献资源，这都为图书馆发展信息产业提供了雄厚的物质基础和条件。

②用户优势。长期以来，图书馆的服务已在社会和读者中树立了良好的形象，拥有一批相对稳定的用户群体。同时，作为公益型事业，在用户中的信任度相对较高，许多企业纷纷看中"图书馆"这块金字招牌，提出和图书馆进行项目合作。我们完全可以利用图书馆名声在外组织到一批稳定的用户群体。

③服务优势。图书馆进行文献检索的途径与手段较齐全，标准化程度高，馆员有定题服务和专业信息综述的经验，利用现代化设备可以实现馆际互借，资源共享。

（2）产品促销策略。任何产品走向市场，都有一个过程，一个成功的促销手段将会带来意想不到的效果。图书馆开发信息产品应该树立很强的宣传意识，运用合适的促销方式，针对不同的用户采用不同的推销方法。比如，推销的是关于儿童教育问题的产品，图书馆可以采用举办游戏的形式吸引儿童及其家长参加，从而达到推销自己产品的目的，也可以利用大众传媒、上门推销及产品试用等使自己的产品被用户接受。

（3）规模经营策略。企业只有进行规模经营，才能降低生产成本，产生效益。在这一点上，首先图书馆信息产业部门应该有足够的认识，这关键在于把握信息市场的脉搏，寻求用户的需求规律及特点，把相同或相近的用户需求进行集中归类，并和用户建立相对稳定的关系，随时了解他们的需求动向。其次利用现代化服务手段，如计算机联机检索技术等，以节省工作环节进行大批量生产。

（4）产品适销性策略。产品适销性策略包括产品多品种、高品质和合理的价格。所谓多品种是指在产品开发中力求长项目与短项目、难项目与易项目结合，使得在具体工作中能够保证细水长流，而不会因为外界环境的变化而使信息经营部门无事可做，同时涉足经济、文化、法律等多领域。高品质是以用户的满足程度为标志的，它不同于一般的商品，时效性是用户对信息产品根本的追求。合理的价格表现在定价适度上，定价太高，用户无法接受；太低，用户会对产品的质量以及效果产生怀疑，所以适当的定价对用户的购买欲望和购买能力有一定的促进作用。

（三）图书馆全面质量管理的具体策略

①按照用户需求制定图书馆质量管理评价机制。图书馆全面质量管理理念是以用户服务为基点，其重点就是要构建以用户满意为中心的评价机制并且认真分析结果。图书馆要建立交流平台和科学的服务质量评价体系，交流平台要具有合理的结构、丰富的功能、多样化的形式，并有权威性和普遍性，还应通过问卷调查、个别交流、网上评论等渠道来加强图书馆与用户的相互沟通和交流。图书馆服务质量评价体系要依据各部门的效率和业绩来制定目标和实施策略，确定改善的先后顺序，制订相应的改进计划。

②培训全体馆员提高图书馆馆员的质量意识。图书馆全面质量管理是以人本管理为依据，在管理活动中，以全体工作人员为主要对象。通过对他们进行各种激励措施及培训，不断提升工作人员的业务能力，发挥每个工作人员在其岗位上的价值，使得他们能够认识到要为实现全面质量管理的目标而热情工作，树立馆员的职业道德素养和敬业精神，推进馆员队伍的整体素质。图书馆在构建和实施全面质量管理体系过程中，要积极教育、培训和引导馆员在工作岗位上找准位置，将个人的发展和图书馆的发展相互融合起来，实现两者的共同进步。

③完善质量评估体系控制工作全过程。图书馆要建立健全质量评估体系，有效地监管、控制图书馆服务工作全过程。图书馆建立质量评估体系要考虑到评定的工作是否合理，并找出其缘由，明确工作的各项职责，并依据工作情况提出改进措施及期限等，之后还要定期检查和跟踪，对于重大问题要在规章制度中增加相应内容，防止此类事件再次发生。

④评估用户满意度积极改进服务质量。图书馆的服务工作是由馆员、用户、文献资源、服务方式和结果构成的，在用户服务过程中，用户是通过其他四个要素来感受服务，并依据自身对四个要素的感受程度来评价服务工作。图书馆要科学、客观地评价用户满意度，并找出存在问题的原因，积极进行整改，进而推进全面质量管理体系高效、规范地运转，要坚决纠正和妥善处理发生的质量问题。

三、图书馆信息服务质量管理的指标与规划

图书馆应根据自身的实际情况和特殊性，有重点地选择适合的要素，建立图书馆特有的信息服务质量管理体系。

（一）图书馆信息服务质量的衡量指标

信息服务是信息机构向用户按一定方式提供信息的过程。信息服务业是指从事信息的收集、存储、加工、传递、交流，并以信息产品向社会提供服务的行业。图书馆是信息服

务业的一个重要组成部分，它属于传统信息服务业。

现代图书馆信息服务的质量是指反映图书馆信息服务满足读者和社会，明确或隐含需求能力的特征和特性的总和。它包括两个方面的内容：一是读者通过接受图书馆的信息服务，究竟得到了什么，即服务的结果，通常称之为服务的技术质量；二是读者是如何得到信息服务的，即图书馆信息服务的过程，通常称之为服务的功能质量。技术质量可以通过某些指标来衡量。

1.功能性。功能性是指读者通过接受图书馆的信息服务，信息需求是否得到了满足。这是读者对图书馆信息服务最基本的要求。

2.经济性。经济性是指读者为了得到图书馆的信息服务所付代价的合理程度。这里所说的代价，不仅包括相关费用，还包括付出的时间、交通上的障碍、为了使用图书馆所必须忍受的种种不便等。

3.安全性。安全性是指读者在接受图书馆信息服务的过程中，人身、财物受到保障的程度。图书馆对到馆读者有保证其人身不受伤害、财物不受损失的责任，要采取一定的措施，提高馆内的安全性。

4.时效性。时效性是指图书馆的信息服务能否及时满足读者的需求，这包括两个方面的含义：一是图书馆提供的信息是否及时；二是图书馆的服务效率是否令读者满意。

5.舒适性。舒适性是指图书馆为读者提供的环境的舒适程度。包括馆外是否美观大方，馆内环境是否安静整洁，各种服务设施是否方便实用。

6.文明性。文明性是指图书馆在提供信息服务的过程中，能否为读者创造一个和谐、友好的氛围。

（二）图书馆信息服务质量的形成规律

1.图书馆信息服务质量的形成模式

（1）读者对图书馆信息服务质量的预期。读者在接受某一项信息服务之前，通过对以前图书馆的使用或其他途径，会对图书馆的信息服务质量有个心理预期，读者往往以此为出发点，来判断图书馆信息服务的质量。由于个人经历、需求以及对图书馆了解的途径不同，读者的预期也会存在较大的差距。有的读者对信息服务质量的预期较高，如果图书馆的服务质量没有达到这一预期，读者就会感到不满；而有的读者对信息服务质量的预期较低，尽管图书馆的信息服务质量很一般，也有可能达到了这一预期，从而使读者感到满意。

（2）读者对图书馆信息服务质量的实际体验。读者在接受图书馆的信息服务时，对质量的体验会受到自身素质、与工作人员交流是否和谐以及当时的情景等因素的影响。因此，不同的读者对同一项信息的实际体验也是不同的。如有的读者对图书馆的各项设施、信息获得方式较为了解，就可以充分利用图书馆的现代化设施，从而取得较高的服务质量。而对此不熟悉的读者，在接受信息服务时就有可能遇到一些障碍，从而降低信息服务的质量。

2.图书馆信息服务质量的差距

读者感觉到的信息服务质量与自己心中的预期往往会有一定的差距，而正是这一差距，造成了读者的不满。因此，如何缩小这一差距，是现代图书馆无可推托的责任。寻找差距产生的原因，是缩小差距的先决条件。这一差距产生的原因，一方面来源于对读者需求工作的不重视，即由于图书馆的领导不重视读者需求，缺乏读者需求的分析工作，使信息服务的开展脱离了读者需求，从而导致了读者的体验质量与预期质量不符；另一方面来源于对读者需求的分析不正确，即虽然重视需求分析，但由于读者调研工作设计的不完善，导致收集信息的结果不准确，或虽然收集的信息是准确的，但由于组织机构的冗余，导致信息在传递过程中失真，图书馆领导在这种错误或失真信息的基础上做出的决策，必然与读者需求相脱节。

（1）信息服务规范的差距。虽然图书馆领导对读者信息服务质量的预期是正确的，但在根据这一认识制定全体工作人员所遵守的服务规范时，出现了差错，结果使得服务规范与读者的预期不一致。产生这一差距的原因，一是图书馆对信息服务质量的目标制定不正确；二是图书馆的高层领导对服务规范的不重视；三是服务规范的制定过程不完善。

（2）信息服务提供中的差距。信息服务提供中的差距主要是指图书馆在为读者提供信息服务的过程中，没有达到信息服务规范的要求。产生这一差距的原因主要有以下内容：首先，由于服务规范的制定没有广泛吸取工作人员的意见，工作人员对其的认同感不强；其次，服务规范过于复杂，工作人员没有能力达到这一水平；最后，图书馆的设备、工作流程和组织文化与服务规范之间存在冲突，导致服务规范的要求不易达到。

第四章 大数据环境下图书馆信息化建设理论透视

第一节 图书馆信息化概述

一、图书馆信息化的意义与现状

（一）图书馆信息化的意义

图书馆信息化是社会信息化的要求。社会信息化的信息资源，相当重要的部分来自图书馆。因此，图书馆信息化是社会信息化的组成部分，图书馆信息化是传统图书馆走向现代图书馆的一个过程。图书馆作为文献信息资源的集散地，拥有丰富的信息资源是其最大的优势。随着信息技术的快速发展和社会信息化进程的加快，图书馆的信息化应当在信息技术的应用、信息资源的建设、信息资源的开发和服务等方面拥有自己的地位和作用。"图书馆信息化应该是一项综合作业，它包括硬件技术、软件平台、资源建设、人才建设等全方位的协调发展。"①

图书馆信息化的基本要求可以从信息基础结构建设、信息资源建设、信息服务系统建设等方面来探讨。图书馆信息化的重点应该是信息资源的开发利用和信息技术在图书馆的应用。社会信息系统的建设都必须具有基础结构、资源和服务系统。图书馆信息化应当是在社会信息化的信息基础设施上，实现自我的信息化建设。图书馆信息化不同于一般信息系统的特征有：①依赖于高度社会信息化的基础；②广泛采用现代信息技术；③图书馆业务的自动化管理；④信息服务网络化；⑤信息资源数字化；⑥信息资源产业化。在现代化信息技术条件下，图书馆信息系统的建设在数字化资源、网络条件、信息服务等方面如何系统筹划就显得尤其重要。因此，只有进一步优化和深层次开发图书馆信息资源，使其实现数字化，才能满足信息社会化的需要。

（二）图书馆信息化建设的现状

现代图书馆的信息化基础建设可以分为以下阶段：图书馆的业务自动化管理建设、本

---

① 陈军：《对图书馆信息化的认识》，载《国家图书馆学刊》2004年第3期，第44页。

单位图书馆的数字化建设、联合图书馆的数字化建设。

服务器作为图书馆信息化基础设备，主要作用是负责管理目录数据的索引和查询，对象服务器负责管理数字化数据，可以由图书馆设立，也可以由任何社会信息部门设立。读者通过广域网或图书馆内部的局域网（电子阅览室）发出查询请求，经 Web 服务器处理后传递给图书馆服务器（类似于查询目录卡片），图书馆服务器将查询结果通知对象服务器，并由对象服务器取出最终结果送达读者，这就实现了数字图书馆对象数据的发布。所以，在图书馆的信息化建设过程中，必须要求服务器具有集中管理性、可扩展性、高速传输性等优越功能。

本单位图书馆的数字化建设目前主要集中在省级图书馆和重点大学图书馆、大型科研机构图书馆。图书馆的网络系统建设目标、网络技术现状及今后的发展前景，一般采用以千兆以太网为主干、独享 10M bps 到桌面的星型网络结构建设方案。图书馆的网络设备由于要确保用户可以从任意点实现对网络的访问并且快速支持用户的访问，图书馆行业在选用网络设备上一般倾向于国外品牌。

因为数字图书馆提供的内容信息十分广泛，而电子内容信息的大规模制作也是数字图书馆解决方案所必须考虑的部分。数字图书馆需要将传统的图书馆纸张文档通过扫描、图像优化、压缩归档等数字化技术加工成电子化的信息数据，并写入光盘中，最终在镜像服务器大容量硬盘中进行高质量的保存和管理，并提供网上高速的存取服务。

而作为图书馆需求数量最多的个人计算机产品来看，国内品牌占据着该行业市场的绝对比例，选择的原因主要在于快捷的本地化服务和灵活的付款方式，尤其是后者令缺少资金的图书馆更倾向于选择国内品牌。

图书馆馆藏图书数字化主要需求有两种：一是需要高分辨率的扫描仪，主要针对善本书、拓片、精美画册；二是图书馆数字资源建设的需求。数字化加工同时对速度、分辨率都有较高要求。在分辨率方面，馆藏部分藏书基本采用 300 分辨率扫描，可供后期的 OCR 识别。网上浏览用 150 分辨率显示画面，在目前网络带宽的基础上保证了网络传输速度和图像的质量。

目前，图书馆信息化建设中扫描仪的高端产品市场占有率仍然集中在国外品牌。但对于图书馆行业数字资源大规模建设的要求则主要集中在中端产品，主要考虑因素是成本的降低和数字制造设备的更新速度。图书馆行业对中端产品的选择，大部分是以性价比作为影响购买的主要因素。

当然，由于图书馆的特殊性，对于数字化的生产也产生了特殊的需要，尤其是年代久远的大的影图的处理。通常的做法是将影图挂在墙上，用数码相机一块块拍完后进行拼接。

由于图书馆的特点，数据管理呈现出管理、更新和维护较为困难等情况，数据的检索和更新性较慢、实时和传输性较差，数据的可扩充性和共享性较差等难点，因此很多图书馆用网络储存的方法解决这些难题。将存储设备直接挂接在主干交换机上，脱离了原有服务器，这样既可以轻松实现视频点播，减轻服务器的负担，也可以实现用网络存储扩充整个网络系统的存储容量。

目前，图书馆行业对网络存储设备的主要需求在于：要求存储设备安装简便、易操作和体积小、存储量大。

二、图书馆信息化的发展目标与渠道

(一) 图书馆信息化的发展目标

随着现代计算机通信、多媒体技术的高速发展，图书馆将面临巨大的挑战。以印刷型书刊资料为主要收藏对象的传统图书馆，将难以适应数字时代的要求。信息载体的数字化和信息传播的网络化，推动着图书馆管理与服务方式的变革和发展，加快图书馆信息化的进程。

在信息社会，信息化建设是不变的主题。鉴于图书馆在人类迈向信息社会过程中所起的重要作用，世界各国都纷纷提出了数字图书馆计划。数字图书馆的建设与发展对各国来说都具有重大的现实意义，它是知识经济的重要载体，同时也是国家信息基础设施的重要组成部分，是未来图书馆发展的大方向，在图书馆信息化建设中具有举足轻重的作用。目前，它已成为评价一个国家信息基础水平的重要标准和 21 世纪各国文化科技竞争的焦点之一。

对我国而言，数字图书馆的研究与开发起步较晚，因此，建设数字图书馆更加具有必要性和紧迫性。首先，数字图书馆将改变以往信息存储、加工、管理、使用的传统方式，借助网络环境和高性能计算机等实现信息资源的有效利用和共享；其次，数字图书馆建设的核心是以中文信息为主的各种信息资源，它将迅速扭转互联网上中文信息匮乏的状况，形成中华文化在互联网上的整体优势；再次，数字图书馆可以最大限度地突破时空限制，营造出进行全民终身教育的良好环境，对我国"科教兴国"战略的贯彻实施和国民素质教育水平的提升将起到巨大的作用；最后，数字图书馆将改变目前图书馆的工作方式和服务模式，可以更好地履行图书馆在倡导、组织和服务全民读书中的重要职能。图书馆馆员将成为捕捉和整理信息的专家。数字图书馆建设为知识传播提供了一种按数字图书馆要求组织起来的资源，通过智能检索系统，不仅可以实现按知识体系进行检索，还可以实现跨库多媒体检索，使用户在任何地点、任何时间，只要进入数字图书馆系统，就可以便捷地获取所需要的信息，从而极大地加强了图书馆在信息社会中的地位和作用。

数字图书馆的诞生和发展是信息时代发展新阶段的必然产物，对世界上每一个国家来说都是挑战。抓住数字图书馆建设就是抓住了国家信息资源建设的核心，就是抓住了应对未来发展和挑战的关键环节，投资数字图书馆就是"投资未来"。因此，当前世界发达国家无不以国家政策主导数字图书馆建设，以公共资金启动数字图书馆建设。可以毫不夸张地说，发达国家数字图书馆的建设，已经展示出人类文化史上的又一次空前的"媒介转移"。

(二) 图书馆信息化的发展渠道

l. 图书馆的数字化资源建设

随着计算机与网络的普及，数字技术正在改变着人类赖以生存的社会环境，并使人类的生活和工作环境具备了更多的数字化特征，社会的信息化程度日益提高。鉴于图书馆在人类发展过程中所起的重要作用，图书馆的信息化进程在各国的国家信息化发展计划中占据着重要地位，其中图书馆信息的数字化受到了格外的重视。

数字图书馆成为"信息内容革命"时代的标志性项目，具有其内在的必然性。应当指出，与人类学习、利用、收集、发现知识的形式和技术手段的发展密切相连，在造纸和印刷术的基础上，有了以印刷型文字处理为主的传统图书馆。当新的技术手段，即数字技术手段出现之后，传统图书馆自然成为向数字图书馆迈进的出发点。传统图书馆历来承担着保存和传播人类知识的关键角色。因此，实现信息内容革命必须以文化遗产的数字化为中心环节，而文化遗产的数字化必须从传统图书馆做起。

以传统图书馆馆藏内容数字化为中心的文化内容媒介转移，是将传统文化资源开发成为经济资源的必要步骤，实质上是为空前规模的产业整合准备条件，具有巨大的经济意义。同时，数字化资源建设对中国经济有着巨大的拉动作用，主要体现在：信息数字资源的建设将促进中国软件产业的发展，在信息收集，中文多媒体信息的压缩、存储、还原，数据整理加工，数据提取等方面，中文软件产业有巨大的市场发展潜力。同时利用信息数字资源可节约成本，增强市场竞争能力，促进诸如企业、医疗、社会保障、公用事业等行业应用软件的发展。数字化资源建设还可促进信息服务业的迅速发展，促进信息深加工、信息服务、信息产品制造业的发展，满足文化市场的需要，促进信息产业产品的开发利用，特别对网络接入产业是一个有力的促进，比如在促进互动电视产业发展方面，网络终端将成气候，特别是为适应中国市场的网络终端产业提供了极大的机会。

目前，图书馆的数字化资源建设主要包括馆藏文献资源数字化、购买数字化产品和网上文献资源馆藏化三个方面。馆藏文献资源数字化是将馆藏的文献资源包括印刷型、缩微型、视听型文献以及电子出版物等以数字化形式发布到网上，成为网上信息资源的一部分，并利用馆藏和网上资源建立各种数据库以及媒体资源库。购买的数字化产品就包括电子期刊、电子图书和数据库。网上文献资源馆藏化则是采取虚拟图书馆技术，图书馆馆员利用自身的专业优势，在充分了解网上资源分布状况和熟练掌握获取网络信息方法的基础上，搜寻、分辨和筛选网上信息，为读者进行网络信息导航，使读者像利用本馆馆藏一样方便地利用网上信息资源。

目前，在我国信息化建设中，硬件设施（如光纤、网络等）和技术与国际上的差距较小。因而，数字资源建设势必成为我国信息化建设的方向和核心。

2. 图书馆信息资源的共建共享

数字图书馆不是孤立存在的，它必须和外界联系，和其他的数字图书馆与系统有信息交换才能成为真正的数字图书馆，它的信息资源不是孤立的。从宏观上看，一个数字图书馆的信息资源隶属于全球数字图书馆系统，是整个社会信息资源的一部分。因此数字图书馆文献资源建设不仅是本馆的资源建设，更是整个社会信息资源建设的一部分，它必须和其他部分的资源建设保持整体性和统一性。我国数字图书馆的建设必须强调国家的宏观调控，进行统一的规划与协调以及分工合作，以利于打破部门和地区的分割，有计划地开展数字图书馆的建设工作。

文献资源建设必须坚持共建共享的原则。每个数字图书馆不可能拥有世界上所有的信息资源，只有通过协作发展、互为补充、互为利用、互为推动才能建立起一个良好的文献资源保障体系，提供高效的网上信息服务，以充分发挥数字图书馆的优势。每个数字图书馆的文献资源建设必须根据整个社会信息资源共建共享的计划来进行自己信息资源的建设，并和其他的数字图书馆分工合作。从网络整体上实施资源的合理配置，把数字图书馆资源建设纳入整个地区、国家和全球的信息网络体系。因此，建设数字图书馆必须走联合的道路，不联合就谈不上数字图书馆。

防止重复建设是信息资源建设过程中的一个重要问题。在数字图书馆建设中，要充分利用国家已有的网络资源和数字化信息资源。实现资源共建共享是防止资源浪费和重复建设的一个非常有效的手段。

3. 图书馆专业人才的培养

信息化环境下的图书馆变革，要求图书馆馆员的角色也要随之变化。除了传统的文献收集、整理与提供服务外，在网上资源越来越庞杂的情况下，图书馆馆员应发挥自己所掌握的获取信息的技能和开展信息咨询的本领的优势，扮演信息工程师或顾问的角色。图书馆馆员还要承担起教育和培训读者的任务，起到网络资源导航员的作用。可见，现阶段对图书馆馆员的素质要求越来越高，而且对其要求也更趋向于发挥整体的作用。

总而言之，只有建设一支思想素质、信息意识和技术能力都过硬的专业队伍，才能适应新时期图书馆建设的需要，这也是信息时代图书馆发展的趋势之一。

4. 图书馆信息化建设的规范化问题

图书馆信息化是整个社会信息化中的重要环节，其中图书馆信息化建设的规范化问题非常值得重视，信息化建设规范与否是信息化建设能否正常发展的关键因素。

（1）图书馆信息化评估体系的建立。在图书馆信息化发展的早期，对图书馆信息化水平的评估主要是针对传统业务流程是否实现自动化进行审核，而进入 20 世纪 90 年代，随着信息技术的发展，一个仅仅能提供公共目录查询和图书馆业务管理的图书馆自动化系统已不能适应技术与时代的发展，而需要从整体的、系统的、信息化的观点来考虑。信息技术的飞速发展使图书馆信息化的内涵也丰富起来。另外，图书馆信息化评估涉及图书馆业务、管理、设备等多方面的内容，需要制定一套评估的标准体系，使图书馆信息化发展有方向、有目标，逐步走向规范化，以方便全球范围内的用户使用。它的建立不仅能客观评价我国图书馆信息化的现有水平，还能对我国图书馆信息化建设起到导向作用。

（2）图书馆信息化要有相应的法律法规作为保证。图书馆信息化从大的方面要遵循国家信息化发展的总政策，同时可以根据本行业的具体特点制定相应的法律法规，以保证信息化工作的顺利展开。这些政策可包括信息化建设资金投入、民间参与政策、市场拓展等方面。

（3）标准与法规的制定和实施。在进行数字图书馆研究和建设数字资源库的过程中，应借鉴发达国家数字图书馆建设的经验教训，尽早制定统一的适合中国数字图书馆建设的资源描述、标识、查询、交换和使用的标准规范及法规；尽量使用国际标准，对那些不是按标准格式进行组织的资源库，也必须考虑数字项的充分描述，并要有灵活的接口，以保证日后对数据的转换与衔接；同时在资源库的加工过程中要考虑对版权问题的处理，以做到充分尊重知识、尊重智慧，使我国数字图书馆在建设伊始，便遵循标准化、规范化、法制化管理的发展道路。

第二节　图书馆信息化建设的必要性

"图书馆信息化是全球一体化的一个重要表现。数字技术和网络通信技术的发展引发了全球信息手段革命，也刺激了以知识和信息为本质的信息资源的需求。[①]"

一、图书馆信息化建设的意义

第一，改变了人们对图书馆的传统观念。图书馆信息化建设改变了图书馆传统的运行模式，从图书馆的手工操作管理转变为图书馆自动化的管理，实现了图书馆信息化建设。这种运行模式的转变，不仅改变了图书馆工作人员的服务管理观念，也改变了图书馆读者的观念，由纸质的书本阅读转变为通过网络进入电子阅览室阅读。图书馆信息化建设促进了图书馆与时代进步的结合，推动了图书馆的发展。

第二，提高了图书馆的工作效率和服务质量。图书馆信息化建设极大地提高了图书馆工作人员的工作效率和服务质量，传统图书馆工作全部由人力完成，需要大量的图书馆工作人员协调完成工作，图书馆信息化建设减轻了工作人员的工作量，只需要更新一下图书馆的信息化数据库就可以完成。图书馆信息化建设实质上实现了虚拟图书馆的建设，图书馆的信息数字化和通过互联网进行服务的模式，使读者不用再去实体店，就可以阅读自己想要看的图书，同时图书馆工作人员可以根据读者的需求，有针对性地进行服务，满足读者的需求，提高服务质量。

第三，实现资源共享。图书馆信息化建设实现了图书馆资源的共享，这是多年来读者的共同心愿，传统的图书馆由于各方面的限制，不可能实现资源共享，通过图书馆信息化建设很好地解决了这个问题，通过互联网技术，实现各图书馆资源的共享，满足了读者的需求。图书馆信息化建设实现了图书馆间的自由合作，实现了图书馆和多种信息化组织的结合，为图书馆的发展开辟了广阔的空间，使现代化资源真正实现了共享。

第四，推动了社会的发展。图书馆信息化建设通过互联网技术整合了大量的科技信

---

① 鲁欣：《论图书馆信息化建设的重点及风险规避》，载《图书馆建设》2008年第5期，第20页。

息，可以为各行业提供多样化的信息需求，这种强大的信息化优势推动了社会各领域的发展。通过这些科技信息，许多行业实现了科技转型，改变了传统的生产结构，通过了解最先进的科技信息，不断创新改革，实现企业的跨越式发展，在这个过程中现代化的图书馆信息建设发挥了重要的作用。

二、图书馆信息化建设的目标

第一，文献资源的信息化建设。图书馆信息化建设是信息科技革命的产物，通过互联网科学技术刺激读者的信息化需求。实现文献资源的信息化建设是图书馆信息化建设的重点，通过现代化信息技术储存信息和知识，对信息进行整理和处理。图书馆文献资源的信息化建设主要通过扫描技术、光储存技术、磁电储存技术、照相技术等完成文献的储存，通过数据压缩处理技术、数据的编码与解码技术、数字信息处理技术、数据挖掘技术等技术对图书馆文献信息进行处理。图书馆文献资源的信息化建设关键在于实现资源的数字化，可以将数字化的文献储存到数字化图书馆的数据库中，成为共享的网络资源，通过各种网上资源优化完善数据库的开发设计，实现文献资源的信息化建设。在合理利用图书馆信息化文献资源的同时，正确处理传统文献资源和数字化文献资源之间的资源共享，处理各图书馆之间的信息化资源共享，最终实现真正的全球化文献资源共享。

第二，虚拟资源的信息化建设。虚拟资源的信息化建设主要是通过图书馆工作人员建立网络链接，针对读者的需求，为读者进行虚拟资源导航，收集丰富图书馆的虚拟信息资源。虚拟资源的信息化建设需要图书馆工作人员具有扎实的专业基础知识，掌握网络资源获取的方法，对网络虚拟资源有着全面的了解，依靠网络信息检索和访问技术、资源共享技术和网络资源安全技术等，实现图书馆的虚拟资源信息化建设。虚拟资源的信息化建设是图书馆信息化建设的关键环节，通过对网络资源的深层次挖掘，控制网络资源的质量，有效地对网上的虚拟资源进行筛选，针对不同用户的个性化需求，为用户提供个性化的服务，发送有价值的信息，通过多层次的协调合作，实现虚拟资源的信息化建设。同时扩大图书馆数据库的标引广度和深度，完善优化数据库的功能，实现多方位的虚拟资源信息化建设。

第三，引进优秀的专业人才。图书馆的信息化建设离不开优秀的专业人才，专业人才是推动图书馆信息化建设的主要动力。优秀的专业人才具有专业的信息化知识，能够掌握现代化最新的信息科学技术，熟悉数字图书馆的建设流程，具有较强的网络资源开发和挖掘技术，通过引进优秀的专业人才，促进图书馆实现信息化的建设。另外，对现有的图书馆工作人员进行培训，通过开展座谈讲座、开设培训班等方式，提高图书馆工作人员的现代化专业技能，能够更好地为图书馆信息化建设服务。

第三节 图书馆信息化建设的支撑平台

一、图书馆信息化建设的硬件平台

（一）图书馆信息化建设的计算机硬件系统

从功能上讲，微型计算机硬件系统主要由微处理器（CPU）、存储器、系统总线、接口电路及输入/输出五个逻辑部分组成。从外观上看，微机由主机和外部设备构成，计算机的外部设备主要包括输入/输出设备和外部存储器等，而平常所说的硬盘、光驱等外存储器一般都安置在主机箱中；计算机的主机箱里有一块印制电路板，即主板，通常都是将计算机中重要的部件安装在主板上。

1.微处理器。微处理器MPU，一般也称为CPU，它是由大规模和超大规模集成电路组成的模块，是微机硬件中的核心部件，具有运算能力和控制能力。其处理数据速度的快慢直接影响着整台电脑性能的发挥。

2.存储器。存储器是微型计算机系统中的记忆设备，它用来存储各种信息，如计算机要执行的程序和数据处理的结果（包括中间结果和最终结果）。存储器中最小的存储单位就是一个双稳态半导体电路或一个CMOS晶体管或磁性材料的存储元，它可存储一个二进制代码。它由若干个存储元组成一个存储单元，然后再由许多存储单元组成一个存储器。根据存储器在计算机系统中所起的作用，可分为主存储器、辅助存储器、高速缓冲存储器、控制存储器等。为了解决对存储器要求容量大、速度快、成本低三者之间的矛盾，目前通常采用多级存储器体系结构，即使用高速缓冲存储器、主存储器和外存储器。

3.系统总线。为将各部件和外设与CPU直接连接，常用一组线路配以适当的接口电路来实现，这组多个功能部件共享的信息传输线称为总线，计算机系统通过总线将CPU、主存储器及输入/输出设备连接起来。所以，总线是CPU与其他部件之间传送数据、地址和控制信号的公用通道。从物理上讲，总线是计算机硬件系统中各部分互相连接的方式，具体体现为扩展槽；从逻辑上讲，总线是一种通信标准，是关于能在PC中工作的协议。采用总线结构便于部件或设备的扩充：使用统一的总线标准，不同设备间互联将更容易实现。通常，采用总线速度和数据通道的带宽两项指标来对系统总线性能进行衡量。由于系统总线的类型和速度会妨碍计算机中其他部件性能的提高，所以需要适当地选择总线和不断更新总线。

4.输入/输出接口电路。所谓接口电路是指CPU和存储器、外部设备或者两种外部设备之间，或者两种机器之间通过系统总线进行连接的逻辑部件。它是 CPU 与外界进行信息交换的中转站，以实现数据缓冲、信号转换、对外设的控制和检测、设备选择、中断或 DMA 管理、可编程等功能。它具有以下特点：①接口电路一般由寄存器组、专用存储器和控制电路几部分组成，当前的控制指令、通信数据及外部设备的状态信息等分别存放在专用存储器或寄存器组中；②所有外部设备都通过各自的接口电路连接到微型计算机的系统总线上；③接口电路的通信方式分为并行通信和串行通信，并行通信是将数据各位同时传送，串行通信则使数据一位一位地按顺序传送。

（5）输入/输出设备。输入/输出设备（I/O 设备）又简称外设，是为微型计算机提供具体的输入/输出手段。标准的 I/O 设备指键盘和显示器。此外，常用的输入/输出设备有鼠标、扫描仪、数码相机、数字化仪、光笔、话筒、打印机、绘图仪、音响等。

（二）图书馆信息化建设的其他硬件平台

1. 图书监测仪

图书监测系统又称图书防盗系统，系统由监测仪、监测通道和藏匿于书中的传感磁条组成。

电磁感应类监测系统设备最适用于图书馆和大型超市。它采用固定安装检测支架，利用检测线圈监测介质，实现自动报警。该类仪器技术较为成熟，成本较低廉，更主要的是由于设置在出入口明显位置的监测支架具有强烈的心理震慑作用。

图书监测仪一般可分为高频监测仪和低频检测仪两种，其中高频监测仪的主机和监测支架体积较小，仪器外观可以制作得较为美观，但配套的监测介质体积较大，通常是用细漆包线绕制，再将其封装在较硬的装饰物中。低频检测仪的主机和监测支架体积较为庞大，监测介质是 120mm×3mm×0.1mm 左右的专用钴基镀镍(镀钛)合金条制成，体积小，柔软且具有弹性，俗称磁条或软标签。高频或低频是以监测仪的工作频率划分的，高频监测仪大致为 27～30MHz，低频检测仪在 2kHz 左右。

现在还有一种集高、低频监测仪于一体的智能监测仪，该仪器以微处理器作为核心进行工作，具有小型化、智能化和网络化的一切特征。它能广泛用于图书馆、商场和大型超市，逐步成为许多用户的首选产品。

上述监测仪统属电磁感应类检测产品，其工作原理都是对监测到的信号进行频率或幅度鉴别，较容易受到外界的影响。智能监测仪虽然性能优越，但安装监测介质同样费工费时，一些人还是可以将监测介质抽出或毁坏、丢弃，然后再将图书或物品带走，给国家财产造成损失。所以，现在一些大型图书馆同时安装闭路电视监控系统，以加强监测。

2. 条形码阅读器

条形码是由宽度不同、平等相间、反射率不同的色条和空白条，按照一定的编码规则（码制）编织成的，用以表达一组数字或字母符号信息的图形标识符，即条形码是一组粗细不同，按照一定的规则安排间距的平行线条图形。

常见的条形码是由反射率相差很大的黑条(简称条)和白条(简称空)组成的。近年来，随着计算机应用的不断普及，条形码的应用得到了很大的发展。条形码可以标出商品的生产国、制造厂家、商品名称、生产日期、图书分类号、邮件起止地点、类别、日期等信息，因而在商品流通、图书管理、邮电管理、银行系统等许多领域都得到了广泛的应用。

条形码系统是由条形符号设计、制作及扫描阅读组成的自动识别系统。而条形码阅读器（简称条码阅读器）是用于读取条码所包含的信息的设备，条码阅读器的结构通常为以下部分：光源、接收装置、光电转换部件、译码电路、计算机接口。它们的基本工作原理为：由光源发出的光线经过光学系统照射到条码符号上面，被反射回来的光经过光学系统成像在光电转换器上，使之产生电信号，信号经过电路放大后产生模拟电压，它与照射到条码符号上被反射回来的光成正比，再经过滤波、整形、形成与模拟信号对应的方波信号，经译码器解释为计算机可以直接接受的数字信号。普通的条码阅读器通常采用以下三种技术：光笔、电荷耦合器件、激光，它们都有各自的优缺点，没有一种阅读器能够在所有方面都具有优势。

3.光盘存储器

光盘是一种海量存储载体，其图形、声音的信息存储量极大，这是一般磁盘所不能承受的存储要求。光盘的产生，使人类可能很快实现把图书馆与信息中心等随身携带的梦想，从而减轻了长距离联机检索的要求。目前主要有两种盘体结构，一种是接触型密封盘体结构，在存储介质表面直接覆盖一层透明聚合物；另一种是空气夹层型盘体结构，它将光盘基片和保护层功能合二为一，通过隔离垫环将两张基片厚度为1mm的光盘盘片相向黏结，中间形成一个洁净的空腔，有效地保护了存储介质。

（1）光盘存储器的组成。光盘存储器有透射式和反射式两种结构，由于反射式结构要比透射式简单，所以人们最终选择了反射式结构。光盘盘片主要是由基片、存储介质和保护层组成。基片可用玻璃或模压聚合物材料制作。存储介质一般是多元合金薄膜。保护层的作用是使存储介质免受大气中水蒸气等的腐蚀。

光盘驱动器包括光学读/写、光头移动和主轴驱动机构等，其中光头由激光二极管、光学元件和光学检测器组成，用来形成读/写光点、监测和校正信道定位误差，写入和读出数据。光盘驱动器主要有四种：①单机驱动器。与其自备电源的机壳一起提供，多采用一个标准外部接口或者一个装在计算机扩展槽内的专用设备接口卡与计算机相连接。②内藏式驱动器。像软盘、硬盘驱动器一样，装在计算机内部。③多机驱动器。可将多个光盘驱动器连接、叠加在一起，其目的主要是减少换盘次数，并未从根本上解决扩大存储容量的问题。④多盘箱式驱动器。这种箱式驱动器只需要一个设备接口的相应软件，便可与计算机的操作系统软件通信。

控制器包括所有运动机构的伺服电路和通道电路。由于存储密度高，对光盘读/写头的定位控制精度要求很高，因此必须采用能够监测和校正定位误差的光学传感元件和制动器。

（2）光盘的分类。第一，只读型光盘。只读型光盘的盘片是由生产厂家预先写入数据或程序，如同唱片的信息，出厂后用户只可以从其中读出，不可以写进新的信息，也不能修改，这种光盘制作容易，成本低。其主要用于检索文件数据库、储存历史文献等不需要修改的信息。第二，只写一次型光盘。这种光盘一般提供比只读光盘更大的存储量，而且允许用户自己向这种光盘中没写过的信息空间写进自己的信息，但只能写一次，写完后将永久存储在光盘上，不可再进行修改。它可方便地用检索的方法读出所有已存储的信息，这种光盘可用于自建数据库。第三，可重写型光盘。它类似于磁盘，可反复擦写，这种光盘所用材料与前面讲的那两种所用材料不同，采用磁性材料。

4. 磁盘存储器

磁盘技术发展很快，磁盘存储器是目前计算机系统中应用最普遍的辅助存储器。它的种类很多，按盘片的材料可分为硬盘和软盘，按盘片结构可分为可卸式和固定式磁盘，按磁头可分为固定头磁盘和活动头磁盘两类。下面主要对常见的硬盘、软盘、优盘进行分析。

（1）硬盘存储器。硬盘存储器由硬盘和硬盘驱动器构成，硬磁盘是以质地较硬的薄片为基材，在其表面涂有磁膜。硬磁盘和硬盘驱动器作为一个整体密封在一个金属腔体中，称为硬盘机，简称硬盘。硬盘按接口标准分类有 IDE/E-IDE 接口硬盘、SCSI 接口硬盘、USB 接口移动硬盘等，按使用方式分固定硬盘、移动硬盘和热插拔硬盘。硬盘的性能指标有：①记录密度。也称存储密度，是指磁盘组所有盘片能记录的二进制信息的最大数量。②存储容量。通常是指磁盘格式化以后能够存储的信息量，有非格式容量和格式化容量两个指标。③寻址时间。是指驱动器磁头从起始位置对达到所要求的读 / 写位置所经历的时间总和，平均寻址时间等于平均磁道定位时间和平均旋转等待时间之和。④数据传输率。是指数据读出或写入的最高速度。⑤接口。不同类型的接口往往制约硬盘的容量，更影响硬盘的读 / 写速度。硬盘的接口标准主要有 IDE/E-IDE 和 SCSI 两种，前者价格低、安装方便，是大多数普通用户的首选，如果需要高的传输速率，后者是较好的选择。

（2）软盘。软盘是一种价格低廉的磁盘存储器，软盘都有一个塑料外壳，比较硬，它的作用是保护里边的盘片。盘片上涂有一层磁性料（如氧化铁），它是记录数据的介质。在外壳和盘片之间有一个保护层，防止外壳对盘片的磨损。

（3）优盘。优盘是世界上首创基于 USB 接口的新型的移动存储交换产品，可用于存储任何数据文件和在电脑间方便地交换文件，优盘采用闪存存储介质和通用串行总路线接口以及磁盘存储等高技术。只要将优盘接上电脑的 USB 接口，就会在"我的电脑"下出现一个新的盘符，用户可以像使用硬盘和软盘一样在该盘上读写或拷贝文件等。优盘存储速度快，为软盘的 20 多倍。优盘工作不需要物理驱动器，也不需外接电源，轻巧，携带方便。相对优盘而言，传统的存储盘如软盘虽然携带方便，但容量小且存储速度慢，硬盘虽然存储容量大，但携带不方便，且容易损坏。目前市场上各种品牌和型号的优盘很多，按照它们自身所具有的功能来分类有普通型、加密型、加密大容量型等。

二、图书馆信息化建设的软件平台

（一）图书馆信息化建设的微机软件系统

现代微型计算机只有硬件设备是不行的，只具备硬件设备的机子称为"裸机"。为了实现生活、工作中的各种需求，还须在裸机的基础上配备各种软件。所谓软件，是指为解决问题而编制的程序及其文档。计算机软件包括计算机本身运行所需要的系统软件和用户完成任务所需要的应用软件。所以，现代微型计算机是依靠硬件系统和软件系统的协同工作来执行给定任务的。

1. 程序设计语言

计算机语言是人与机器进行信息交换的工具，随着信息技术的不断发展，计算机语言得到了不断发展。它可以分为：机器语言、汇编语言和高级语言。

（1）机器语言。机器语言是用二进制代码表示的、计算机能直接识别和执行的一种机器指令的集合，常用 0 和 1 的组合来表示。这样的指令有一定的位数，并分成若干段，各段的编码表示不同的含义，如某台计算机字长为 16 位，即有 16 个二进制数组成一条指令或其他信息。16 个 0 和 1 可组成各种排列组合，通过线路变成电信号，让计算机执行各种不同的操作。

（2）汇编语言。汇编语言是面向机器的程序设计语言，是一种低级语言，汇编语言的符号表示与指令的实际意义有一定的联系，因此它也被称为符号语言。汇编语言比机器语言易于读写、易于调试和修改，同时也具有机器语言执行速度快、占内存空间少等优点，但在编写复杂程序时具有明显的局限性。汇编语言依赖于具体的机型，不能通用，也不能在不同机型之间移植。

（3）高级语言。由于低级语言与特定的机器有关，功效高，并且使用复杂、烦琐、费时、易出差错。所以，人们试图研究开发出一种更接近于待解问题的表示方法，其特点是在一定程度上与具体机器无关，易学、易用、易维护。

2. 系统软件

系统软件是为了计算机能正常、高效工件所配备的各种管理、监控和维护系统的程序及其有关资料。系统软件主要包括以下方面：

（1）操作系统软件，这是软件的核心。

（2）各种语言的解释程序和编译程序（如 BASIC 语言解释程序等）。

（3）各种服务性程序（如机器的调试、故障检查和诊断程序等）。

（4）各种数据库管理系统（如 FoxPro 等）。

系统软件的任务，一是更好地发挥计算机的效率，二是方便用户使用计算机。

3. 应用软件

应用软件是为解决各种实际问题而编制的计算机应用程序及其有关资料。应用软件往往都是针对用户的需要，利用计算机来解决某方面的数学计算软件包、统计软件包、有限元计算软件包。事务管理方面的软件有工资系统、人事档案系统、财务系统等。计算机的作用之所以如此强大，最根本的原因是计算机能够运行各种各样的程序，从而发挥强大的作用。

（二）图书馆信息化建设的其他相关软件系统

完整的图书馆信息化解决方案的软件系统平台包括制作系统、发布系统、应用平台等。制作系统实现将原始资料数字化；发布系统是将制作系统数字化后的数据发布到数字图书馆之中，供用户和读者使用；应用平台对于用户和读者来说是进入数字图书馆的一个入口，为用户和读者提供了使用界面，并将网站管理平台、全文检索系统、阅读器等集成在一起，提供用户和读者使用。网站管理系统应包括数据追加、网站维护、用户管理、流量监控等功能。

全文检索系统是数字图书馆系统必不可少的核心部分，数字图书馆的易用性很大程度上通过全文检索系统得以体现。一般全文检索系统提供了分类检索、标题检索、作者检索等检索功能。阅读器能给读者提供原出版物的信息，是读者看清数字图书馆的工具。由于技术积累和其他因素的影响，当前各家数字图书馆的阅读器差别很大。数字图书馆软件系统平台还必须考虑与图书馆自动化系统的兼容问题，以及数字图书馆的易用性问题。

三、图书馆信息化建设的网络平台

计算机网络主要由网络服务器、工作站、传输介质、网络设备、网络操作系统、网络协议、客户软件和服务软件等组成。

（一）图书馆信息化建设的传输介质

传输介质是网络中信息传输的媒体，传输介质的性能对网络传输速率、通信距离、可连接的网络节点数目和数据传输的可靠性等均有很大的影响。因此图书馆在建设网络系统的时候，要合理地选择传输介质。传输介质有双绞线、同轴电缆、光纤、无线电波等。

1. 传输介质——双绞线

它是由两根具有绝缘保护的铜导线组成，并按一定的密度螺旋状扭结在一起，这样可以有效地降低信号的相互干扰，保证信号传输的正确率。双绞线是人们常用的一种网络传输介质，是用来对各类网络设备进行物理连接，以便它们组成真正的有线计算机网，网络上的所有信息都需要在这样一个信道中传输。如果双绞线的质量不好，会影响传输率，甚至成为整个网络传输速度的一个瓶颈。双绞线一般分为屏蔽与非屏蔽两类，前者电磁屏蔽性能方面比非屏蔽的要好一些，但价格也高些，在局域网中常用的是非屏蔽。

目前应用最多的产品是像安普等著名厂家生产的 5 类或超 5 类双绞线。5 类双绞线的带宽可以达到 100M bps，它的封皮上通常以"cats"标识，超 5 类双绞线的带宽可达到 1000M bps，它在封皮上通常以"5e"标识，可以满足吉比特以太网传输速度的要求。

2. 传输介质——同轴电缆

同轴电缆以单根铜导线为内芯，裹一层绝缘材料，外覆密集网络导体，最外面是一层保护性材料。金属屏蔽层能将磁场反射回中心导体，同时也使中心导体免受外界干扰，所以同轴电缆比双绞线具有更高的带宽和更好的噪声抑制特性，增加了传输的距离。

3. 传输介质——光纤

光纤是光导纤维的简称，是一种能够传递光信号的极细的传输介质，由玻璃或塑料等物质材料做成，随着网络的发展而得到广泛应用，目前它主要用于 FDDI 网、吉比特以太网以及 G 位以太网。

光纤由光芯、覆层和保护层三部分组成。光纤的中心是光传播的玻璃芯，芯外面包裹一层折射率比芯低的玻璃封套，使射入纤芯的光信号经包层界面反射，在纤芯中传播。采用光纤传输信号，在发射端首先要转换成光信号，然后在接收端还原成电信号。

与同轴电缆相比，光纤可提供很宽的频带且功率损耗小、传输距离长、传输率高、抗干扰性强。光纤传输采用分光复用技术，可以在一条光纤上复用，发送和传输多个位。

光纤主要分两种类型，即单模光纤和多模光纤；单模光纤采用激光二极管 LD 作为光源，传送激光，它仅仅允许一束光通过光纤；而多模光纤采用发光二极管 LED 作为光源，传送可见光，可以允许多路光束。

4. 传输介质——无线传输

它是指在两个通信设备之间不使用任何物理的通信线路，而是通过空气完成信号的传输。无线传输介质有三种方式：

（1）地面微波。微波是直线传播的，因此这种传输要求信息的发送方和接收方之间有一条视线通路。当网络之间两点直线距离内无障碍时可在一定的范围内使用微波进行传播，当传输距离较大时，可以通过微波中继站的串联使用完成远距离通信。

（2）卫星微波。通信卫星就是一个微波中转站，卫星从各频率接收地面传输来的信号并将其放大或再生后，再从另一个频率发送到地面站。

（3）红外线传输。红外线仅适用于很小的区域，并且要求发送器直接指向接收端。

（二）图书馆信息化建设的网络设备

1.路由器与网桥

（1）路由器。它是网络连接设备的重要组成部分，是一种连接多个网络或网段的网络设备，它能将不同网络或网段之间的数据信息进行"翻译"，以便它们能够相互读懂对方的数据，从而构成更大的网络。这就要通过一系列路由协议来达到彼此之间相互理解，如RIP、OSPF、EIGRP、IPV6协议等。

路由器有两大典型功能，即数据通道功能和控制功能。数据通道功能包括转发决定、背板转发以及输出链路调度等，由特定的硬件完成；控制功能用软件来实现，包括与相邻路由器之间信息交换、系统配置和系统管理。

路由器是用于连接多个逻辑上分开的网络，所谓逻辑网络是代表一个单独的网络或者一个子网。当数据从一个子网传输到另一个子网时，可通过路由器来完成。因此，路由器具有判断网络地址和选择路径的功能，它能在多网络互联环境中建立灵活的连接，可用完全不同的数据分组和介质访问方法连接各种子网，路由器只接受源站或其他路由器的信息，它不关心各子网的硬件设备，但要求运行与网络层协议相一致的软件。

（2）网桥。它的工作是在数据链路层，将两个LAN连接起来，根据MAC地址转发帧，可以看作是一个"低层的路由器"。网桥并不了解其转发帧中高层协议的信息，这使它可以同时以同种方式处理IP、IPX等协议，它还提供了将无路由协议的网络分段的功能。

2.网络适配器

网络适配器，俗称为网卡，它是插入主板总线插槽上的、连接计算机与网络的硬件设备，无论是双绞线、细缆还是光纤连接，都必须借助于网卡才能实现。

对不同的网络布线方式和不同的传输介质，网卡需要不同的接口，一般网卡提供三种接口：与粗缆连接的AUI接口，与细缆固定连接的BNC接口及与双绞线连接的RJ-45接口。

随着网络技术的发展，为了满足各种应用环境和应用层次的需求，出现了许多不同类型的网卡，网卡的划分标准也因此出现了多样化。按总线类型划分有ISA、PCI、PCI-X和PCMCIA总线网卡；按网络接口划分有以太网的RM5接口、细同轴电缆的BNC接口、粗同轴电缆的AUI接口，还有FDDI接口、ATM接口，实际上有的网卡会同时提供两种或多种类型的接口；按带宽划分有10Mbps网卡、100Mbps网卡、10/100Mbps自适应网卡、1000Mbps吉比特以太网卡；按网卡应用领域来分有服务器网卡和工作站网卡。

3.交换机

交换机，也称交换式集线器，是集线器的升级换代产品，它是按照通信两端传输信息的需要，用人工或设备自动完成额度的方法，把要传输的信息送到符合要求的相应路由上的技术设备的统称。它在一些比较大型的局域网中已经非常普遍。交换机拥有一条带宽很高的背部总线和内部交互矩阵。交换机所有的端口的都挂接在这条背部总线上，控制电路收到数据包后，处理端口会查找内存中的地址对照表以确定目的 MAC（网卡的硬件地址）的 NIC（网卡）挂接在哪个端口上。通过内部交换矩阵直接将数据包迅速传送到目的节点，而不是所有节点，目的 MAC 不存在才广播到所有的端口。使用这种方式可以明显地提高效率，节约网络资源。因为它不是毫无选择地向所有节点同时发送数据包，发送数据时非目的节点的其他节点很难侦听到所发送的信息，所以它可以保证数据传输的安全性。

从广义上来看，把交换机分为两种：广域网交换机和局域网交换机。广域网交换机主要应用于电信领域，提供通信用基础平台；局域网交换机主要用于局域网中，连接终端设备，它的主要作用是进行局域网内部数据交换。

从传输介质和传输速度上看，局域网交换机可以分为以太网交换机、快速以太网交换机、FDDI 交换机、令牌环交换机等。

从交换机的端口结构来划分有固定和模块化交换机两种，还有一种是两者兼顾的，即在提供基本固定端口的基础上再配备扩展插槽或模块。

根据交换机应用的网络层次来说，可以分为企业级交换机、校园网交换机、部门级交换机和工作组交换机及桌机型交换机五种。

4. 中继器与集线器

（1）中继器。中继器是最简单的网络互连设备，常用于两个网络节点之间物理信号的双向转发工作，负责在两个节点的物理层上按位传递信息，完成信息的复制、调整和放大功能，以此来延长网络的长度。

（2）集线器。也就是我们通常所说的"HUB"，是对网络进行集中管理的最小单元，它只是一个信号放大和中转的设备。"HUB"的意思就是中心，它最初的功能是把所有节点集中在以它为中心的节点上。集线器是中继器的一种，其区别仅在于集线器能够提供更多的端口服务，所以集线器又被称为多口中继器。集线器主要是以优化网络布线结构、简化网络管理为目标而设计的。以集线器为中心的优点是，当网络系统中某条线路或某节点出现故障时，不会影响网上其他节点的正常工作，同时它提供多通道通信，提高了网络通信速度。集线器是一种不需要任何软件支持或只要很少管理软件管理的硬件设备。

集线器的种类很多，按端口数量分有 8 口集线器、16 口集线器和 24 口集线器，但也有少数品牌提供非标准端口数；按配置形式分有独立型集线器、模块化集线器和堆栈式集线器；按管理方式分有切换式集线器、共享式集线器、可堆栈共享式集线器；从局域网角度来区分，有单中继网段集线器、多网段集线器、端口交换式集线器、网络互联集线器和交换式集线器。

第四节　图书馆信息化建设的相关技术

信息时代的到来，信息化的图书馆把传统图书馆推向了全球一体化、网络化的新境界，使得传统图书馆焕然一新，传统的图书馆都将成为世界图书馆的一部分，这是图书馆在新时期发展的必然趋势。传统图书馆必须面临信息化建设大环境的挑战，采用飞速发展的信息技术建设具有各自特色的信息化图书馆，以适应用户的需求。

一、图书馆信息化建设的共享技术

（一）图书馆信息化建设的 WWW 技术

WWW 全球信息网（World Wide Web，简称 WWW 或 Web）是 20 世纪 90 年代由欧洲粒子物理研究中心（CERN）发展起来的一种 Internet 技术。它不仅具有功能强大、灵活、用户使用方便等技术优势，它还能够支持多媒体信息，因而一出现就受到极大欢迎，成为目前应用最为广泛的 Internet 技术。它为全世界用户提供了查找和共享信息的手段，是人们进行动态多媒体交互的最佳方式，也是当前各类图书馆网络信息服务的主要类型。图书馆 WWW 信息服务，主要形式有：检索查询（包括在线书目查询、期刊目次查询、文献检索、数据库检索、用户资料查询、国际联机检索、光盘检索等），在线图书馆（在线书刊浏览），网上教学（电子教程下载、在线讲座和热点问题探讨等），网络导航，交互信息（图书馆公告、图书馆人才招聘广告、网上问卷调查、读者留言、问题解答等），多媒体资源服务（指音频、视频资源的介绍，在线收听或视频点播 VCD 等）以及传统信息服务的 Web 形式（馆藏查询、预约、续借、新书通报和新书推荐等）和定题服务，参考咨询，原文件传递和下载服务等。

（1）E-mail 通信。E-mail（Electronic Mail，电子邮件）是 Internet 上一种重要的信息服务方式。它为世界各地的 Internet 用户提供了一种极为快速、简单和经济的通信方式，E-mail 已成为目前利用率最高的 Internet 应用方式。图书馆要广泛地开展网络信息服务，开通 E-mail 服务是很有必要的一项举措。图书馆可以开通收费的 E-mail 服务：用户缴纳一定的费用，就可拥有图书馆专门为其提供的电子邮箱，并可通过这个邮箱接收图书馆的电子期刊、电子文献和各类信息等。

（2）BBS 系统。BBS（Bulletin Board Service，公告牌服务）是 Internet 上一种电子信息服务系统。用户可以在 BBS 上发布信息、提出看法或进行交流等。图书馆开通 BBS，用户可以随时向馆员提问和咨询，进行实时交流，提供在线帮助；也可开办各种讲座、用户教育、发布公告等，既是用户及时获取各种信息的重要手段，也是图书馆及时获得用户反馈信息的绝佳方式。BBS 的开通将使图书馆的网络信息服务跃上一个新的台阶。

（3）FTP 方式。FTP（File Transfer Protocol，文件传输协议）是 Internet 上使用非常广泛的一种通信协议。FTP 是 Internet 上获取信息资源的最主要方式之一，人们只要知道特定信息资源的主机地址，就可以用匿名 FTP 登录获取所需的信息资料，对大容量文件和数据的传输非常直观、简单、迅捷。如用户下载同一个文件，在 Web 服务器上最快为 200 ~ 300kb/s，而 FTP 最快可达 3 ~ 4Gb/s 以上。FTP 服务是图书馆网络信息服务中必不可少的一种类型，图书馆可把本馆的数字化馆藏、特藏、音频、视频等大量文件放在 FTP 服务器上，供用户下载。

（4）Proceeding Intranet 技术。建立在 TCP/IP 标准协议基础上的 Internet，已经由仅仅提供网上文件传输、电子邮件、远程上机以及电子公告和新闻发布等服务，发展到了信息资源的共享、电子出版和电子贸易。TCP/IP、HTML 和 Web 等技术，同样也可以用于各种集团内部信息网的建设，这就是 Internet 应用。采用 Internet 技术的 Intranet 已成为新一代的网络应用。目前，Intranet 已由静态发展为动态，从服务器端的单一分布发展为多层的客户/服务器分布，从信息发布发展为真正的事务应用。Intranet 的应用一般侧重于以下几类：第一类是 Intranet 最普遍和最普通的一种应用信息发布和共享；第二类是 Intranet 的电子邮件为集团内部的通信提供了一种极其方便和快捷的手段；第三类是 Intranet 的协同工作应用（又称群件，如讨论组、工作流、视频会议、日程安排等）使分散的子单元沟通自如。通过群件，不仅分布机构可以协同工作，而且可在 Intranet 上建立虚拟机构或虚拟办公室；第四类是以多层客户/服务器为基础，实现信息管理、决策支持的商业电子贸易。

（二）图书馆信息化建设的多媒体及其数据库技术

所谓多媒体技术，就是利用计算机技术把文本（正文）、声音、图形、图像等多媒体文件综合一体化，使之建立起逻辑连接关系，并能对它们进行采集、获取、编辑、加工处理、压缩存储和演示。简单来说，多媒体技术就是把图、文、声、像和计算机技术集成在一起的技术。它具有数字化、实时性、交互性和集成性等特征。文本、图像、音频、视频等信息资源数字化处理后，常以多媒体数据库（MDB）的逻辑结构实现存储，由多媒体数据库管理系统（MDBMS）实现管理。多媒体数据库系统的实现技术有三种：扩充关系数据库方法、面向对象的多媒体数据库方法和超媒体数据库方法。

（三）图书馆信息化建设的超文本与超媒体技术

1. 超文本技术

超文本是一些特殊的文字，当在这些文字上按下鼠标，就会通过链接跳转到其他页面。而这个页面可能在本机上，也可能在其他机器上。

（1）HTML。所有在浏览器中使用的文件都是用一种叫 HTML 的语言写的，它的全称是超文本标记语言（HyperTextMarkupLanguage）。最早出现的HTML是由欧洲的粒子实验室开发的，用于相互交流的标志语言，后来应用于Internet。它是用于创建可从一个平台移植到另一平台的超文本文档的一种简单标记语言，经常用来创建Web页面。HTML文件是带有格式标识符和超文本链接的内嵌代码的ASCII文本文件。

（2）URL。URL为"UniformResourceLocator"的缩写，通常翻译为"统一资源定位器"，也就是人们常说的网址。如果在本机上，网址的一般形式为："C：\PWIN98\DEVGUIDE.HTML"。

2.超媒体技术

超媒体（HyperMedia）是超文本引用链接其他不同类型（内含声音、图片、动画）的文件，这些具有多媒体操作的超文本和多媒体在信息浏览环境下的结合，它是超级媒体的简称，意指多媒体超文本（MultimediaHypertext），即以多媒体的方式呈现相关文件信息。

（四）图书馆信息化建设的流媒体技术

流媒体技术也称流式媒体技术。所谓流媒体技术就是把连续的影像和声音信息经过压缩处理后放在网站服务器，让用户一边下载一边观看、收听，而不是等整个压缩文件下载到自己的计算机上才可以观看的网络传输技术。该技术先在使用者端的计算机上创建一个缓冲区，在播放前预先下载一段数据作为缓冲，在网络实际连接速度小于播放所耗的速度时，播放程序就会取用一小段缓冲区内的数据，这样可以避免播放中断，也使得播放品质得以保证。

流媒体技术不是一种单一的技术，它是网络技术及视/音频技术的有机结合。在网络上实现流媒体技术，需要解决流媒体的制作、发布、传输及播放等方面的问题，而解决这些问题最终则需要利用视/音频技术及网络技术得以实现，具体如下：

1.流媒体制作技术方面须解决的问题。在网上进行流媒体传输，所传输的文件必须制作成适合流媒体传输的流媒体格式文件。因为通常格式存储的多媒体文件容量十分大，若要在现有的窄带网络上传输则需要花费十分长的时间，若遇网络繁忙，还将造成传输中断。另外，通常格式的流媒体也不能按流媒体传输协议进行传输。因此，对需要进行流媒体格式传输的文件应进行预处理，将文件压缩生成流媒体格式文件。这里应注意两点：一是选用适当的压缩算法进行压缩，这样生成的文件容量较小；二是需要向文件中添加流式信息。

2.流媒体传输方面需解决的问题。流媒体的传输需要合适的传输协议，目前在Internet上的文件传输大部分都是建立在TCP协议的基础上，也有一些是以FTP传输协议的方式进行传输，但采用这些传输协议都不能实现实时方式的传输。随着流媒体技术的深入研究，目前比较成熟的流媒体传输一般都是采用建立在UDP协议上的RTP/RTSP实时传输协议。UDP和TCP协议在实现数据传输时的可靠性有很大的区别。TCP协议中包含了专门的数据传送校验机制，当数据接收方收到数据后，将自动向发送方发出确认信息，发送方在接收到确认信息后才继续传送数据，否则将一直处于等待状态。而 UDP 协议则不同，UDP 协议本身并不能做任何校验。由此可以看出，TCP 协议注重传输质量，而 UDP 协议则注重传输速度。因此，对于对传输质量要求不是很高，而对传输速度有很高要求的视 /音频流媒体文件来说，采用 UDP 协议则更合适。

（3）流媒体的传输过程中需要缓存的支持。因为 Interent 是以包为单位进行异步传输的，因此多媒体数据在传输中要被分解成许多包，由于网络传输的不稳定性，各包选择的路由不同，所以到达客户端的时间次序可能发生改变，甚至产生丢包的现象。为此，必须采用缓存技术来纠正由于数据到达次序发生改变而产生的混乱状况，利用缓存对到达的数据包进行正确排序，从而使视、音频数据能连续正确地播放。缓存中存储的是某一段时间内的数据，数据在缓存中存放的时间是暂时的，缓存中的数据也是动态的、不断更新的。流媒体在播放时不断读取缓存中的数据进行播放，播放完后该数据便被立即清除，新的数据将存入缓存中。因此，在播放流媒体文件时并不需占用太大的缓存空间。

（4）流媒体播放方面需解决的问题。流媒体播放需要浏览器的支持。通常情况下，浏览器是采用 MIME 来识别各种不同的简单文件格式，所有的 Web 浏览器都是基于 HTTP 协议，而 HTTP 协议都内建有 MIME。所以 Web 浏览器能够通过 HTTP 协议中内建的 MIME 来标记 Web 上众多的多媒体文件格式，包括各种流媒体格式。

二、图书馆信息化建设的数据压缩与存储技术

（一）图书馆信息化建设的数据压缩技术

各种媒体信息（特别是图像和动态视频）数据量非常大。例如：一幅 640×480 分辨率的 24 位真彩色图像的数据量约 900kB；一个 100MB 的硬盘只能存储约 100 幅静止图像画面。NTSC 标准的帧速率为 30 帧 /秒，视频信号的传输率约为 26.4Mb/s，远远高于计算机的数据传输速率。对于音频信号，激光唱盘（CD-DA）的采样频率为 44.1kHz，量化位数为 16 位，双通道立体声，100MB 硬盘仅能存储约 10 分钟录音。目前 CD-ROM 数据传输率单速的约为 150kb/s（倍速为 300kb/s，最先进的 3 倍速或 4 倍速驱动器可以达到450kb/s 以上），远不能达到传输要求。显然，这样大的数据量不仅超出了计算机的存储和处理能力，更是当前通信信道的传输速率所不及的。因此，为了存储、处理和传输这些数据，必须进行压缩。相比之下，语音的数据量较小，且基本压缩方法已经成熟，目前的数据压缩研究主要集中于图像和视频信号的压缩方面。

数据压缩，通俗地说，就是用最少的数码来表示信号。其作用是能较快地传输各种信号，如传真、Modem 通信等；在现有的通信干线并行开通更多的多媒体业务，如各种增值业务；紧缩数据存储容量，如 CD-ROM、VCD 和 DVD 等；降低发信机功率，这对于多媒体移动通信系统尤为重要。由此看来，通信时间、传输带宽、存储空间甚至发射能量，都可能成为数据压缩的对象。

数据压缩方法种类繁多，可以分为无损压缩和有损压缩两大类。无损压缩利用数据的

统计冗余进行压缩，可完全恢复原始数据而不引入任何失真，但压缩率受到数据统计冗余度的理论限制，一般为 2：1～5：1。这类方法广泛用于文本数据、程序和特殊应用场合的图像数据（如指纹图像、医学图像等）的压缩。由于压缩比的限制，仅使用无损压缩方法不可能解决图像和数字视频的存储和传输问题。有损压缩方法利用了人类视觉对图像中的某些频率成分不敏感的特性，允许压缩过程中损失一定的信息，虽然不能完全恢复原始数据，但是所损失的部分对理解原始图像的影响较小，换来了大得多的压缩比。有损压缩广泛应用于语音、图像和视频数据的压缩。

（二）图书馆信息化建设的数据存储技术

信息时代的核心无疑是信息技术，而信息技术的核心则在于信息的处理与存储。随着数据量的剧增，数据存储技术面临着巨大的挑战。当我们每天关注于 CPU 主频不断提高、操作系统版本不断升级和计算机网络技术日新月异的时候，或许不应该忽略这样的一个事实，即无论信息处理技术多么的先进，我们都必须将信息存储于一定的介质之上，信息和信息技术本身都需要依托于一定的存储介质而存在。

数据存储介质：凡是仅有两种稳定的物理状态，能方便地检测出处于哪种稳定状态，两种稳定状态又容易相互转换的物质或元器件，都可以用来存储二进制代码"0"和"1"，这样的物质或元器件被称为存储介质或记录介质。存储介质不同，存储信息的机理也不同。信息存储技术在近几年的发展非常迅速，各种新产品、新技术层出不穷，但从总体上看它们呈现出一种类似金字塔的结构，其中塔尖为 CPU，距离 CPU 越近则存储速度越快，每兆字节的存储成本越昂贵，容量也越小；反之，则存储速度越慢，每兆字节的存储成本越低，容量也越大。

计算机的存储设备从体系结构上看可分为内存储器和外存储器。内存储器（即内存）直接与计算机的 CPU 相连，处于金字塔的最上层。它的存取速度要求能与 CPU 相匹配，通常由半导体存储器芯片组成，由于成本高，容量通常不太大。而对于大量数据的保存通常要使用外存储器。外存储器又可以分成几个层次。与内存储器相连接的是联机存储器(或称在线存储器)，如硬磁盘机、磁盘阵列等。再下一层是后援存储器（或称近线存储器)，它由存取速度比硬盘更慢的光盘机、光盘库、磁带库等设备组成。最底层是脱机存储器(或称离线存储器)，由磁带机和磁带库等组成仓库，它的存取速度比较慢，由于存储介质可脱机保存，可以更换，因此容量几乎是无限大。对于普通的个人计算机用户，使用硬盘、软件和光盘等存储介质来进行数据存储就已经够用了，但对于商业用户和一些网络系统而言，磁带机、磁带库和光盘库则是必不可少的数据存储与备份设备，现在还有正在飞速发展的存储网络，能提供更为方便的数据保存方式。

l. 光存储技术

光存储器 ODM（Optical Disk Memory）和 MSM 类似，也是将用于记录的薄层涂敷在基体上构成记录介质。不同的是基体的圆形薄片由热传导率很小、耐热性很强的有机玻璃制成。在记录薄层的表面再涂敷或沉积保护薄层，以保护记录面。记录薄层有非磁性材料和磁性材料两种，前者构成光盘介质，后者构成磁光盘介质。ODM是目前辅存中记录密度最高的存储器，存储位元区域可小至1um的平方，存储容量很大且盘片易于更换。缺点是存储速度比硬盘低一个数量级。现已生产出与硬盘速度相近的ODM，不久会成为重要的辅存。

目前我们所能接触的光存储设备有：CD-ROM、CD-R、CD-RW、MO、DVD-ROM、DVD+RW、DVD-RW、DVD-RAM以及COMBO等。CD-ROM为只读光盘，多用于产品发布和电子出版领域；CD-R允许用户自己写CD，但只能写一次，可以无限次读，而且与CD-ROM兼容；CD-RW为可多次读写光盘，它采用CD-R的格式，因此可以与CD-R的刻录机通用；MO是永磁光碟，可以重复读写，具有很高的可靠性和耐久性，数据保存可长达100年。相应的DVD产品可以视为CD的后代。此外，多台光盘机组合在一起有3种结构：光盘库、光盘塔和光盘阵列。它们都是大型的信息存储设备，一般应用在大、中型网络系统和档案管理系统中。在所有光盘存储设备中，最基本的产片是CD。CD是CompactDisc的简称，直译就是小型、紧凑的盘片。其外径为120mm，厚度为1.2mm。

CD由光轨（Track）组成。光轨是光碟上一种资料记录的单位。光盘上存储的信息资料按一定规则排列，其形状像一条条"轨道"，称为"光轨"。光轨由内至外呈螺旋线形状。数据光盘内从目录（Table of Contents，TOC）开始记录起始地址的多个连续的逻辑扇区为一轨，而音频光盘内一首歌曲对应一条光轨，因此，一张光盘中有许多条光轨。

2.电存储技术

电存储技术主要是指半导体存储器SCM（Semiconductor Memory）。早期的SCM采用典型的晶体管触发器作为存储位元，加上选择、读写等电路构成存储器。现代的SCM采用超大规模集成电路工艺支撑存储芯片，每个芯片中包含相当数量的存储位元，再由若干芯片构成存储器。从集成电路类型的角度看，SCM分为晶体管双极（Bipolar）型和场效应管MOS（Metal Oxide Semiconductor）型。双极性又分射极耦合逻辑即ECL（Emitter Couple Logic）、晶体管逻辑TTL（Transistor Transistor Logic）和集成注入逻辑即I2L（Integrated Injection Logic）三种类型，从制造工艺看，MOS型有PMOS（P channel MOS）、NMOS（N channel MOS）和CMOS（Complementary MOS）三类，目前广泛采用的是NMOS和CMOS。从加电后能否长时间保持所存信息的角度看，SCM又有静态存储器和动态存储器之分，静态存储器的存储位元电路是双稳态触发器，动态存储器存储位元电路的关键部件是电容，前者只要电源正常供电，信息就能长期保存，后者即使电源正常供电，信息也只能保持几毫秒到十几毫秒，因此必须在规定时间内刷新。若电源电压不正常或断电，两者信息都会丢失。

双极型存储都是静态存储器，而MOS型存储器有静态、动态之分。双极型存储器速度快，通常比MOS存储器至少高一个数量级，但功耗大，集成度低，适用于快速小容量存储器，如高速暂存存储器和Cache。NMOS静态存储器制造工艺简单、集成度高、单片容量大，主要用作快速主存。CMOS静态存储器功耗最小，速度比NMOS快，集成度比双极型高很多，可靠性高，虽然制造工艺复杂，但目前应用得很广泛，主要用作快速主存和Cache。动态MOS存储器内部结构最简单，在各类SCM中集成度最高，功耗很小，速度虽比静态MOS和双极型存储器低一些，但仍广泛用作主存。

综上所述，根据工作方式的不同，SCM的分类如下：

（1）读写存储器，或称随机存取存储器。按信息存储方式不同又可分为：①静态RAM（SRAM）；②动态RAM（DRAM）。动态RAM利用电容存储电荷的原理来记忆信息。由于电容器的漏电，存储的电荷会逐渐减少，当减少到一定程度时，RAM中存入的信息会消失。因此，需要在信息丢失之前，给电容器充电。给电容器充电的过程叫作动态存储器的刷新。

（2）只读存储器，只读存储器包含以下几类：①掩模式ROM（MROM，MaskRom），厂家做好内容后不能更改；②可编程ROM（PROM，Programmable ROM），用户只能写入一次，写入后不能再更改。③可擦除EPROM（EPROM，Erasable PROM），这种EPROM在通常工作时只能读取信息，但可以用紫外线擦除已有信息，并在专用设备上高电压写入信息。④电擦除PROM（E2PROM，Electrically Erasable PROM），用户可以通过程序的控制进行读写操作，它就是常说的闪存（FLASH）。

3.磁存储技术

磁存储技术，主要指表面存储器MSM（Magnetic Surface Memory）。磁表面存储器是用非磁性金属或塑料做基体，在其表面涂敷、电镀、沉积或溅射一层很薄的高导磁率、硬矩磁材料的磁面，用磁层的两种剩磁状态记录信息"0"和"1"。基体和磁层合成为磁记录介质。依记录介质的形状可分别称为磁卡存储器、磁带存储器、磁鼓存储器和磁盘存储器。计算机中目前广泛使用的MSM是磁盘和磁带存储器。

MSM通过磁记录介质作高速旋转或平移，借助于软磁材料制作的磁头实现读写，由于是机械运动方式，所以存取速度远低于SCM，为ms级。MSM的存储位元是磁层上非常小的磁化区域，可以小至20um的平方，所以存储容量可以很大，与SCM相比，每位价格低得多，因此广泛用作辅存。

目前，IBM已开发出垂直磁记录技术，可将磁记录密度提高6倍以上。磁盘是广大用户最为熟悉的存储介质。在目前所有的PC中硬盘都是必不可少的设备，而软盘则由于其便于携带的特点和通用性，至今仍然是计算机用户进行数据交换时广泛使用的存储介质。磁盘技术包括磁性盘片、电机、盘上方的伸缩臂以及伸缩臂上的磁头。电机带动磁盘旋转，伸缩臂在盘上移动，磁头进行读盘或写盘操作。读盘时，磁头检测盘表面磁性的变化，将其转化为0或1的数据组。写盘时，通过磁头改变盘上数据的磁性，如正、负极分别与0和1相对应。在外存储器中，硬盘的存取速度最快，因此它最适合存储那些需要经常访问和快速访问的程序和文件。对于个人用户来说，硬盘是最主要的存储设备，计算机的操作系统、应用程序和重要的数据资料都存储在硬盘之中，因此要求硬盘的容量尽可能大，速度越快越好。对于专业用户来说，由于数据丢失将会给他们带来非常大的损失，所以他们除了要求更高的速度、更大的容量之外，对硬盘的容错能力和安全性也有很高的要求。

市场的需要就是未来技术的发展方向，硬盘技术的发展方向正是向着高容量、高速度和高可靠性的方向发展。

三、图书馆信息化建设的信息采集与检索技术

（一）图书馆信息化建设的信息采集技术

信息采集是根据信息用户的需求，寻找、选择相关信息并加以聚合和集中的过程。信息采集广义上是指在社会上、馆藏文献和数据库中采集信息，以及对信息机构提供的信息进行的采集过程和计算机对信息的数字化过程。这里是指信息生成的数字化过程，主要是文本、图像、音频和数据等的计算机采集过程。在信息处理系统中，数据的采集是信息系统的基础，这些数据通过数据系统的分析和过滤，最终成为影响决策的信息。

1. 自动识别技术

在现实生活中，各种各样的活动或者事件都会产生这样或那样的数据，这些数据包括人的、物质的、财务的，也包括采购的、生产的和销售的，这些数据的采集与分析对于生产过程或者决策来讲是十分重要的。

在信息系统早期，相当部分数据的处理都是通过手工录入，这样，不仅数据量十分庞大，劳动强度大，而且数据误码率较高，也失去了实施的意义。为了解决这些问题，人们就研究和发展了各种各样的自动识别技术，将人们从繁重、重复但又十分不精确的手工劳动中解放出来，提高了系统信息的实时性和准确性，从而为生产的实时调整、财务的及时总结以及决策的正确制定提供正确的参考依据。

在当前比较流行的物流研究中，基础数据的自动识别与实时采集更是物流型系统的存在基础，因为，物流过程比其他任何环节更接近于现实的"物"，物流产生的实时数据比其他任何情况都要密集，数据量都要大。

自动识别技术就是应用一定的识别装置，通过被识别物品和识别装置之间的接近活动，自动地获取被识别物品的相关信息，并提供给后台的计算机处理系统来完成相关后续处理的一种技术。例如，商场的条形码扫描系统就是一种典型的自动识别技术。售货员通过扫描仪扫描商品的条码，获取商品的名称、价格，输入数量，后台POS系统即可计算出该批商品的价格，从而完成顾客的结算。当然，顾客也可以采用银行卡支付的形式进行支付，银行卡支付过程本身也是自动识别技术的一种应用形式。

自动识别技术是以计算机技术和通信技术的发展为基础的综合性科学技术，它是信息数据自动识读、自动输入计算机的重要方法和手段。归根结底，自动识别技术是一种高度

自动化的信息或者数据采集技术。

自动识别技术近几十年在全球范围内得到了迅猛发展，初步形成了一个包括条码技术、磁条磁卡技术、IC 卡技术、光学字符识别、射频技术、声音识别及视觉识别等集计算机、光、磁、物理、机电、通信技术为一体的高新技术学科。

完整的自动识别计算机管理系统包括自动识别系统、应用程序接口或者中间件和应用系统软件。换言之，自动识别系统完成系统的采集和存储工作，应用系统软件自动识别系统所采集的数据进行应用处理，而应用程序接口软件则提供自动识别系统和应用系统软件之间的通信接口包括数据格式，将自动识别系统采集的数据信息转换成应用软件系统可以识别和利用的信息并进行数据传递。

2. 文本生成

在信息技术及计算机技术日益普及的今天，如何将汉字方便、快速地输入到计算机中已成为关系到计算机技术能否在我国真正普及的关键问题。

将汉字输入计算机里一般有两种方法：人工输入和自动输入。其中人工输入速度慢而且劳动强度大，一般的使用者每分钟智能输入 40 ～ 50 个汉字。这种方法不适用于需要处理大量文字资料的办公自动化、文档管理、图书情报管理等场合。而且随着劳动力价格的升高，利用人工方法进行汉字输入也将面临经济效益的挑战。自动输入分为汉字识别输入和语音识别输入。

由于汉字数量众多，汉字识别问题属于超多类模式集合的分类问题。汉字识别技术可以分为印刷体识别及手写体识别技术。而手写体识别又可分为联机与脱机两种。

从识别技术的难度来说，手写体识别的难度高于印刷体识别，而在手写体识别中，脱机手写体的难度又远远超过了联机手写体识别。

联机手写体的输入是依靠电磁式或压电式等手写输入板来完成的。在书写时，笔在板上的运动轨迹（在板上的坐标）被转化为一系列的电信号，电信号可以串行地进入计算机中，从这些电信号中可以比较容易地抽取笔画和笔顺的信息。

与脱机手写体和联机手写体识别相比，印刷体汉字识别已经实用化，而且在向更高的性能、更完善的用户界面的方向发展。目前，办公自动化已成为信息社会不可避免的发展趋势。虽然在计算机网络飞速发展的今天，许多信息已经电子化，世界各地出现了许多"电子版"的报纸、杂志等出版物。

同时，网络信息资源的爆炸性增长以及网络传输容量的限制，都是方便、快速地获取这些信息的约束因素。电子化与印刷文本材料如同一枚硬币的两面，互相补充、互相促进，在未来的十几年或更长的时间内将不会出现一者被另一者取代的情况。

3. 图像扫描

计算机中的图像是由特殊的数字化设备，将光信号量化为数值，并按一定的格式组织而得到的。这些数字化设备常用的有扫描仪、图像采集卡、数码相机等。扫描仪对已有的照片、图片等进行扫描，将图像数字化为一组数据存储。图像采集卡可以对录像带、电视上的信号进行"抓图"，对其中选定的帧进行捕获并数字化。数码相机是一种与计算机配套使用的、新型的数码影像设备，它采用电荷耦合器件或互补金属氧化物半导体作为光电转换器件，将被摄景物以数字信号方式直接记录在存储介质(存储器、存储卡或软盘)中，可以很方便地在计算机中进行处理。

扫描仪是一种被广泛应用于计算机的输入设备。作为光电、机械一体化的高科技产品，自问世以来其独特的数字化"图像"采集能力、低廉的价格以及优良的性能，得到了迅速的发展和广泛的推广。

4. 视频采集

视频采集卡是将模拟摄像机、录像机、LD 视盘机、电视机输出的视频信号等输出的视频数据或者视频音频的混合数据输入电脑，并转换成电脑可辨别的数字数据，存储在电脑中，称为可编辑处理的视频数据文件。

视频采集卡，又称为视频捕捉卡，英文名为"Video Capture Card"，其功能是将视频信号采集到电脑中，以数据文件的形式保存在硬盘上。它是我们进行视频处理必不可少的硬件设备，通过它就可以将摄像机拍摄的视频信号从摄像带上转存到计算机中，利用相关的视频编辑软件，对数字化的视频信号进行后期编辑处理，比如剪切画面、添加过滤、字幕和音效、设置转场效果以及加入各种视频特效等，最后将编辑完成的视频信号转换成标准的 VCD、DVD 以及网上流媒体等格式，方便传播和保存。

从视频信号源和采集卡的接口来分，视频采集卡共分为两大类：一类是模拟采集卡，另一类是数字采集卡。模拟采集卡通过 AV 或 S 端子将模拟视频信号采集到 PC 中，使模拟信号转化为数字信号，其视频信号源可来自模拟摄像机、电视信号、模拟录像机等；数字采集卡通过 IEEE1394 数字接口，以数字对数字的形式，将数字视频信号无损地采集到 PC 中，其视频信号源主要来自 DV（数码相机）及其他一些数字化设备。模拟采集卡与数字采集卡的一个重要区别就是：使用数字采集卡，在采集过程中视频信号没有损失，可以保证得到与原始视频源一模一样的效果，而使用模拟采集卡则视频信号会有一定程度的损失。

5. 音频采集

音频是一种典型的连续时间信号。话筒把声音的机械振动转换为电信号，模拟音频技术中以模拟电压的幅度表示声音的强弱。这种模拟信号的特点是一个在时间轴上的连续平滑的波形，对这样一个在时间上连续的信号，计算机每隔固定的时间对波形的幅值进行采样，通过得到的一系列数字化量来标识声音。在某一个特定的时刻对音频信号的测量叫作采样。

每秒中采样的次数称为采样频率，单位为 Hz。根据奈奎斯特采样定律，要从采样中完全回复原始信号波形，采样频率必须至少是信号中最高频率的两倍，所以以 CD 标准的采样频率至少是人耳所能听到的声音频率上线 20 kHz 的两倍。实际使用 CD 标准的采样频率为 44.1 kHz，这样，人耳能够听到的声音频率成分均可以回复。由于不同质量的声音其频率覆盖的范围不同，在实际应用中，可以根据声音的类型和质量要求，选择采样频率。如语音的频率范围是 3.4 kHz 以下，使用 7 kHz 采样即可。

在数字音频中，把表示声音强弱的模拟电压用数字标志，如 0.5V 电压用 20 表示，2V 电压用 80 表示等。模拟电压的幅度，即使在某电平范围内，仍然可以有无穷个，如 1.2V、1.21V、1.215V 等，而用数字来表示音频幅度时，智能把无穷多个电压幅度用有限个数字来表示，把某一幅度范围内的电压用一个数字表示，这称为量化。

计算机内的基本数制是二进制，为此我们还要把声音数据写成计算机数据格式，这称为编码，模拟电压幅度、量化和编码的关系。

（二）图书馆信息化建设的检索技术

计算机信息检索过程实际上是将检索提问词与文献记录标引词进行对比匹配的过程。为了提高检索效率，计算机检索系统通常采用一些运算方法，从概念相关性、位置相关性等方面对检索提问实行技术处理。

1. 字段限定检索

字段限定检索是指限定检索词在数据库记录中的一个或几个字段范围内查找的一种检索方法。在检索系统中，数据库设置的可供检索的字段通常有两种：表达文献主题内容特征的基本字段和表达文献外部特征的辅助字段。基本字段包括篇名、文摘、叙词、自由标引词四个字段。辅助字段包括除基本字段以外的所有字段。每个字段都有用两个字母表示的字段标识符。例如，在 Dialog 检索系统的命令检索模式中，使用字段限制检索时，基本字段用后缀表示，辅助字段用前缀表示。

2. 布尔逻辑检索

在实际检索中，检索提问涉及的概念往往不止一个，而同一个概念又往往涉及多个同义词或相关词。为了正确地表达检索提问，系统中采用布尔逻辑运算符将不同的检索词组配起来，使一些具有简单概念的检索单元通过组配成为一个具有复杂概念的检索式，用以表达用户的信息检索要求。常用的逻辑算符主要有以下几种：

（1）逻辑"与"。逻辑"与"（用 AND 或表示）是一种用于交叉概念或限定关系的组配，它可以缩小检索范围，有利于提高检索的专指性。如果想要查询同时含有概念 A 和概念 B 的文献，可表示为"A AND B"或"A*B"。

（2）逻辑"或"。逻辑"或"（用"OR"或"+"表示）是用于具有并列概念关系的组配。这种组配可扩大检索范围，提高查全率。例如，检索含有检索项 A 或检索项 B 的文献，可表示为"A OR B"，或"A+B"。检索结果是将含有检索项 A 的文献集合与含有检索项 B 的文献集合相加，形成一个新的集合。

（3）逻辑"非"。逻辑"非"（用"NOT"或"-"表示）是用于从某一检索范围中排除不需要的概念。这种组配可以缩小检索范围。例如，在含有概念 A 的文献集合中，排除同时含有概念 B 的文献，可表示为："A NOT B"，或"A-B"。

3. 位置检索

位置检索也叫全文检索、邻近检索。所谓全文检索，就是利用记录中的自然语言进行检索，词与词之间的逻辑关系用位置算符组配，对检索词之间的相对位置进行限制。这是一种可以不依赖主题词表而直接使用自由词进行检索的技术方法。由此可知，不同的检索系统其位置算符的表示方法不尽相同。

4. 截词检索

截词检索是计算机检索系统中应用非常普遍的一种技术。由于西文的构词特性，在检索中经常会遇到名词的单复数形式不一致；同一个意思的词，英美拼法不一致；词干加上不同性质的前缀和后缀可以派生出许多意义相近的词等。为了保证查全，就得在检索式中加上这些具有各种变化形式的相关意义的检索词，这样就会出现检索式过于冗长，输入检索词的时间太久，同时也占太多机时。截词检索就是为了解决这个问题而设计的，它既可保证不漏检，又可节约输入检索式的时间。所谓截词，就是指在检索词的适当位置截断。不同的检索系统其截词检索的表示是不同的。

四、图书馆网络信息资源的组织管理技术

（一）图书馆网络信息资源的组织模式与方式

网络信息资源管理的两种组织模式，一是按照等级或主题指南的方式将网络信息组织起来；二是用关键词对文件内容进行标引，建立一个可供查询的数据库。但从实际应用来看，由于系统设计理念和当时技术条件的限制，效果均不尽如人意。一方面，它们只能提供文本信息的查询，而不能适用于超文本信息；另一方面，检索界面和指令较为复杂，一般用户不易掌握，最终不可避免地逐步为具有超文本、超媒体强大功能的万维网系统所取代。万维网利用超文本链接向用户展示立体、多维的信息空间，使网络信息的查询和发布都变得简单而快捷，从而改变了人们的交流方式，甚至生活方式。万维网检索系统通过检

索引擎和主题指南对网络资源进行组织与管理，它将关键词、自然语言检索与主题指南相结合，提供了一种查询网络信息单元的新型模式。但万维网检索系统在检索准确性和质量控制方面的不足，使其应用发展受到一定的限制。为了弥补万维网系统的不足，新一代的智能型网络信息检索系统开始登场，将人工智能技术引用到网络信息资源组织、管理与检索领域，为用户提供全新的、智能化的、个性化的信息检索服务，称为现阶段网络信息资源组织与管理发展的主流方向。开发元数据对网络信息资源进行书目控制也日益成为网络信息资源组织、管理的重要内容与方法。

网络信息资源的组织方式是通过对网络信息外在和内在特征的表征和序化，达到信息资源有效利用的目的。目前使用较为普遍的网络信息资源组织方式主要有文件组织方式、数据库组织方式、超文本组织方式、搜索引擎方式和书目控制组织方式五种。

（二）图书馆网络信息资源的组织方法

分类法和主题法是人类用以组织信息资源的重要方法，是从内容本质把握事物之间区别与联系的重要手段。分类的族性关联与主题的特性关联反映了人类思维的不同侧面并相互弥补。

1.网络信息资源的分类组织法。分类组织法是一种按照科学体系或知识属性描述和表达信息内容，并依类别特征系统排列信息的一种信息组织方法，具有很好的系统性和层次性。网络信息资源具有传统信息资源不同的诸多特质，就目前网络信息资源组织的实际应用，其分类体系大体分为两类：采纳或调整传统分类法的分类体系和网络自编的指南型分类体系。

2.网络信息资源的主题法。主题法是以主题语言为基础，根据信息的主题特征来描述、表达组织信息的一种信息组织方法。它以语词作为检索标识，按主题字顺序排列，直观性强。传统的主题法包括标题词法、单元词法、叙词法和关键词法。目前，主题法系统在网络信息资源组织中的使用主要有使用关键词法组织网络信息、使用叙词法组织网络信息和使用关键词法与叙词法相互结合组织网络信息三种形式。

（三）图书馆网络信息资源的过滤

网络信息资源的质量隐患已在很大程度上影响了人们对它的充分利用。加强网络信息质量控制，建立科学的网络信息资源评价体系和过滤机制成为网络用户普遍的期待和要求。信息过滤是指利用特定的软件或附加应用程序，根据用户设置的过滤条件对动态信息流进行过滤。信息过滤可以使用户有选择地获取符合个性化需求的信息，排除或摒弃无用乃至有害的信息，减少用户时间、精力和财力的浪费，减少无效信息的流动，提高网络传输效率。信息过滤是开展和实现网络信息个性化服务的基础。

（四）图书馆网络信息资源组织中的计算机系统体系结构

　　网络信息分布在 Internet 上不同的服务器中，这种分布信息组织模式使得信息资源组织跨越了空间位置的限制，隶属于分布式信息处理范畴。在网络信息资源组织中，计算机系统的信息检索结构和信息处理方式有主机——终端式体系结构模式、文件服务器体系结构模式、客户——服务器（C/S）体系结构模式和浏览器——服务器（B/S）体系结构模式四种。

第五章 大数据环境下图书馆信息化建设现状及路径

第一节 大数据环境下图书馆信息化建设的优势分析

"图书馆信息化建设是一个复杂的系统工程。"[①] 随着计算机技术和网络技术的迅速发展，让大数据和各行各业、社会生活等方面的融合性越来越强。其中图书馆的变化非常显著，其不仅代表着我国文化事业，还是民众获取知识的主要途径之一，并且还对高校、科研机构等以文化和科研为主的机构产生非常重要的影响。所以我们既要积极面对大数据带来的挑战，同时也要紧抓大数据带来的机遇。如今以何种方式让图书馆朝着信息化、智能化发展，如何优化图书馆管理工作是其工作人员首要考虑的问题。

第一，信息技术促进图书馆服务的自动化。要提升图书馆的核心竞争力，必须将大数据思维应用到图书管理中，借助大数据技术，开发和整合信息资源，构建智能化、数据化的管理平台，这样不仅能将有用的信息有序地保存和传递，也大幅节省了人工成本，同时有助于提高信息安全和工作效率，及时为读者提供便捷高效的信息服务。在改变图书馆管理模式的基础上，也丰富了图书馆管理信息化的内涵，推动了图书管理和图书服务的自动化、便捷化。

第二，信息技术推动图书管理信息资源创新。图书管理信息资源创新的实质是以新的图书馆管理理念、模式、技术和方法为切入点，把现代化信息技术应用于其中，使图书馆管理信息化与社会发展和需求相适应，为人们提供快捷、优质的服务体验。传统的图书管理通常是以资料文献的存储和借阅方式为主，而信息管理模式不再是简单地以纸质资料为载体，而是基于自由化的服务理念和数字化的通信形式，朝着数字载体、电子载体等综合性的方向发展，利用大数据和数字媒体技术进行馆藏资源的开发、挖掘、整合，推动信息资源创新。

第三，大数据的应用优化了图书馆信息资源配置。大数据的要义在于融合，其价值在于应用。图书信息管理承担着图书资料存储转移的主要任务，并融入网络和计算机中。大数据将大量分散的信息资源加以收集，进行规范、有序的整理，并让碎片化资源"牵手""共享""交换"使资源信息得到优化配置，并通过大数据进一步拓展图书管理信息资源，实现区域内共建共享。

---

① 纪长海：《图书馆信息化建设初探》，载《现代情报》2008年第12期，第52页。

第二节　大数据环境下图书馆信息化建设的现实挑战

第一，图书馆之间信息管理系统兼容性较差。图书馆信息化管理的主要问题是图书馆数据库的兼容性较差。虽然图书馆之间的合作已初步建立，但信息系统没有统一的设计标准，存在通用性差、标准化水平低等问题，且各种数据库之间的协调性较差，兼容性也存在一定的问题，数据库间的数据共享效率较低，并且有些信息不能在数据库中共享，造成现有资源和空间的浪费。

第二，图书馆之间的信息化发展不均衡。尽管信息技术已在各领域得到了广泛应用，但与发达国家相比，我国图书馆管理系统的信息化仍然滞后，需要不断改进和完善。目前，各地区图书馆信息化程度参差不齐，相互之间存在一定的差距。图书馆大多仍以藏书为主要功能，图书借阅管理和服务模式主要是在传统的图书馆管理工作中进行的，在信息处理和信息转换等深层次信息服务方面仍然缺失或相对滞后。图书馆的信息资源在传统馆藏文献向数字化转化的过程中，仍存在信息化程度低、服务范围小、服务功能较单一等问题，这在一定程度上制约了图书馆在区域经济和社会发展中的支撑作用。

第三，图书馆管理队伍建设不规范。目前，部分从事图书管理的老员工，对新技术的学习和认知水平不够，同时对信息的接受程度不高，思维固化，很难胜任现代图书馆信息化管理的工作，从而制约了图书馆信息化管理的发展。此外，虽然一些图书馆已经引进和使用了图书馆管理信息系统，但这仅仅是个开始，该系统的长期使用和维护仍需要更多的专业人员，而目前在大部分图书馆中负责对这一系统进行管理和维护的工作人员，大多只是具备一定的计算机方面的相关知识，而缺乏图书馆管理相关的专业知识，不能更好地与图书管理信息相结合。因此，一旦遇到一些比较困难的问题，就会面临无法运转、不能及时维修的困境。

第四，图书馆信息资源得不到充分利用。信息化图书馆虽有效地改善了纸质版的局限性，已经成为图书馆资源的主力军，但由于多方面的原因，比如资源相对陈旧、资源整合度不高、图书馆缺乏专业信息技术人员，以及工作人员缺乏对信息化的正确认识，信息化建设水平、综合管理水平有待提高，读者获取信息的能力有待加强等，造成资源利用率较低。

第三节　大数据环境下图书馆信息化建设的路径探索

"图书馆是社会文化生活的重要组成部分，是人民群众获取知识的重要场所，提高图书馆的管理和服务水平对营造全社会学习氛围，提高人民群众思想道德素质和科学文化水平具有重要的意义和作用，因此必须加强大数据环境下图书馆信息化建设。"[①]

一、完善图书馆图书管理系统中的借还终端

图书馆每天都有大量的图书资料被借出和归还，借还的时间、人员、资料状态等都必须有详细的记录且准确无误。再者，由于图书馆管理系统面临的阅读群体数量庞大，因此必须保证系统的稳定性、准确性。此外，在多层系统的操作中，必须保证操作框架清晰明确，系统的整体效率要高标准，许多终端作为客户端应该连接在系统外部，这些要求在系统框架的总体结构和设计中必须充分考虑和兼顾，在满足这些要求的基础上，再着手开发相应的设计任务，同时注意系统的兼容性，这样就可以更新系统，提高系统的适用性和使用寿命。

二、构建区域性图书馆信息资源的保障体系

图书馆管理信息化建设是一项复杂的系统工程，需要逐步发展和完善。随着社会的发展，图书馆对人才资源和财力的需求将不断提高，在管理过程中也面临着新的问题和挑战。图书馆应积极参与各类信息资源的交流与分享，优化管理流程的各环节，依靠全社会的力量和行业的有力支持，建起一个技术先进、效率高、实用性强的区域性信息资源安全体系。进而，依托大数据技术的支撑，实现服务功能的转型升级，完善服务模式，丰富服务内容，提高信息服务能力和效率，这将对图书馆知识服务的深化和拓展起到重要作用。

三、加大图书馆的硬件与软件建设

落后、陈旧的图书馆设备已不再适合大数据时代信息化管理的要求。首先，图书馆要建立具有先进的 RFID 图书自主借还系统、信息发布系统、ERU 文献统计系统、各种终端设备，以及互联网浏览、数据库检索、多媒体电子出版物等硬件、软件设备和相关的设备技术，加快综合性图书馆平台建设和信息系统基础建设；其次，图书馆人才的引进、技术的推广、人员的培训等都需要通过提高资金的投入量来保障；最后，图书馆作为知识的存

---

① 陈荣华：《大数据环境下图书馆信息化建设路径》，载《科技资讯》2018年第10期，第36页。

储基地，拥有最大的知识和信息存储量，虽然没有直接参与人才培养活动，但为国家的人才培养做出了巨大的贡献，所以，加强图书馆的软硬件建设在人类知识获取和推动社会进步中起着非常重要的作用。因此，要从全面贯彻落实科学发展观的高度来重视图书馆建设，加大软硬件建设资金投入，共同构建图书馆管理信息系统，以加快图书馆信息化管理建设的步伐。

四、加强图书馆多层次人才队伍的管理

必须重视和加大人才引进力度，加强对已有工作人员的专业技能培训。首先，图书馆要大力引进图书情报学专业人才和懂各种信息技术、外语能力强的高素质复合型人才。图书馆骨干人员要具备对数据的理解、分析能力以及对大数据技术的深层把握与应用能力，领导者也要不断提高自身的信息化建设意识，与时俱进，敢于吸纳新技术，在信息化图书馆建设上勇于探索与创新，树立科学正确的管理服务理念。其次，建立全员培训的长效机制，加强员工的信息技术、计算机操作、图书馆管理等重点业务的培训，着重加强信息化普及和图书馆管理工作的结合，提高图书馆人员的信息素养和创新能力。图书馆馆员的素质和专业化水平决定着图书馆的发展方向。最后，图书馆要认真开展图书馆管理信息化的应用研究，提高员工的业务素质和服务意识，培养他们团结协作精神，拓展服务内容，明确目标，打造高素质、高水平、技术先进的人才管理队伍。

五、对图书馆现有馆藏资源进行再开发

图书馆资源的深度挖掘是对信息资源的整合和利用。首先在大数据环境下，图书馆必须与时俱进，转变信息资源建设理念，在原有信息资源的基础上进行开发、挖掘和科学拓展，使图书馆的内部资源与外部资源相互融合，丰富和快速推动图书馆信息资源建设；其次，图书馆要利用大数据技术使读者在信息查询的过程中合理运用信息资源，科学优化图书馆的信息技术处理能力。

此外，图书馆在做好纸质文献借阅等传统服务模式的基础上，顺应信息化时代要求，从"以资源为中心"向"以需求为中心"的服务模式迈进，创建多元化的信息资源体系，提高馆藏资源信息的组织效率，进一步建立纸质资源与信息资源相结合、传统管理与科技信息服务相结合的管理服务模式，为读者提供多元化、全方位、快捷的服务，从而实现图书信息化管理和资源共享。

第六章 大数据环境下图书馆建设创新与信息化服务

第一节 大数据环境下数字图书馆建设思考

目前，全球大数据呈现爆发式增长，已经渗透到各行业和业务职能领域。在数字图书馆的建设中，急剧膨胀的资源建设和日益多元的信息服务引起图书馆对大数据问题的思考与探究。"数字图书馆作为图书馆事业未来的重要发展方向，其建设内容可分为两部分：数据资源与用户服务，而数据资源建设作为其中一个任务影响与制约着数字图书馆的发展。"[①]

一、大数据环境下数字图书馆的需求

"大数据"是一个用来描述海量的结构化和非结构化数据的短语，特性用"4V+1C"描述，即数量庞大(volume)、种类多样(variety)、更新快速(velocity)、真实准确(veracity)和处理复杂(complexity)。大数据有着非常广泛的分布，包括业务流程数据、企业大数据、社会大数据、个人大数据、科学大数据等。利用大数据，不仅可以在产生、收集和传递信息方面减少人力投入并缩短时间，而且在信息分析和解释上担当更重要的角色，还可以根据数据做出正确的、有效的、有依据的决定。大数据的有效利用可以为决策乃至个人生活带来便利。在我国，数字图书馆建设经过多年的探索与努力，成就斐然，表现为资源内容丰富，结构完整，用户访问量大，投资效益高，多为政府投资，注重馆际合作，公益性服务社会效益好。但是，在大数据时代背景下，我国数字图书馆建设面临新的需求。

（一）国际数据环境变化对数字图书馆的需求

随着大数据时代科技的发展，国际上数字图书馆的功能也面临着新的变化：此前由图书馆馆员来实现资源传递，如今多数用户已具备自己来发现与访问资源的技巧与技术；元数据发现的重要性减弱，社会发现的重要性增强；图书馆提供可信资源的重要性减弱，用

[①] 高洁：《大数据环境下数字图书馆数据资源建设探究——基于国家科技数字图书馆的调查分析》，载《科技通报》2018年第8期，第272页。

户更愿意优先访问数字环境下所发现的网络资源，但这些资源价值密度低，需要进行评估；社会对图书馆和图书馆馆员价值的绝对认同减弱，但却有了对公共部门能够彰显价值和积极主动推销自己的需要。在国际社会数据环境变化的强力驱动下，我国数字图书馆建设在大数据开发方面还需要进一步努力。

（二）科学研究方式变化对数字图书馆的需求

在大数据推动下，科学研究活动发生了变化与转型，科学研究的对象内容与方法、科研活动之间的交流、科研信息的获取和处理，都面临着新问题。倘若能够更有效地组织和使用大数据，人类将得到更多的机会发挥科学技术对社会发展的巨大推动作用。生物医学领域是大数据的先行者，如在系统生物学、宏生态学、基因组学等学科研究中进行数据关联和知识发现，通过对大量病人的数据库开展数据挖掘，医学研究者能提高诊断效果和效率，降低系统成本，提升治疗质量，从而为科研和政府决策提供服务。可见，在当下海量数据的科研环境下，科研信息化已经成为整个社会信息化的前卫，是下一代互联网技术及信息基础设施在科研领域的率先应用。以"登记—鉴定—发现—保存"为四要素的传统封闭学术交流模式正逐渐向共享协同的学术交流融合转移。通过信息化手段，科研机构更好地同市场进行互动，加快科技产品的商品化，科教结合促使产、学、研三方实现有机结合，提高科研工作的效率、质量和成果的水平，实现科学资源的更合理配置。信息密集型科学的出现使得科学研究由传统的假设驱动向基于科学数据进行探索的科学方法转变。

图书馆在科学交流中发挥着重要作用，科学交流体系的变化要求数字图书馆加大对科学数据的重视程度，适应科学研究的新范式，迎合科学研究的不断变化与新需求，推动科学研究的发展。

（三）创新主体转移对数字图书馆的需求

要提高原始创新、集成创新和引进消化吸收再创新能力，更加注重协同创新，要构建以企业为主体、市场为导向、产学研相结合的技术创新体系。企业作为创新的主体，在数据高速膨胀的大背景下，应通过掌控大数据提高运营效率，降低管理成本，以指导投资决策。随着数据本身的积累，企业对行业领域的认知会越来越深，运用大数据的能力成为企业对市场和行业施加影响和干预的重要手段，加强对大数据的运用是企业未来发展的趋势。因此，数字图书馆作为科研创新的重要力量，应适应企业界的需要，辅助企业、科研机构、高等院校构建好相互协同的技术创新体系，使信息革命带动产业革命。

（四）用户信息素养变化对数字图书馆的需求

大数据时代，用户的信息素养越来越高，对信息的数量与质量的要求也不断提高，因此，对图书馆产生了更新、更高的服务要求。图书馆应迎合用户的需求做出相应的服务策略转变，从大量的数据中分析挖掘潜在的价值。这将成为大数据时代数字图书馆的一大主要业务，这些业务开展的水平也将决定着大数据时代图书馆的发展水平及方向。在大数据时代，图书馆的数据处理范围、方式、对象、目的等将发生巨大的变化，如根据读者服务数据对读者借阅习惯、爱好等进行分析，据之制订新的服务方案、策略。同时图书馆的传统业务将向数据分析、数据挖掘方向转移，对大量数据的分析与处理将成为图书馆的主要业务，图书馆资源数据量的扩展、服务质量的提升、服务策略的转变不仅是依靠当前的数据共享、丰富资源、创新服务方式、增加服务时间等方式，从大量数据中发现的规律越多、找出的潜在价值越大，图书馆的服务水平提升才能越快。在调整文献服务、信息咨询、学科服务等图书馆必备服务策略的同时，以信息的处理与服务为优势的图书馆服务范围及领域将会得到更大的扩展，为社会机构如政府、企业提供一定的数据分析服务、数据挖掘服务将会成为大数据时代图书馆的常态服务内容。

（五）信息技术发展变化对数字图书馆的需求

伴随着移动互联网、物联网的渗透拓展，信息技术步入了快速发展阶段。从目前来看，大数据技术主要涵盖的领域有可视化分析、数据挖掘算法、预测性分析能力、语义引擎、数据质量和数据管理等。新技术为图书馆的变革提供了技术驱动、沟通渠道以及服务创新的支持，并增加了图书馆变革的灵活性和可靠性。因此，数字图书馆应通过新技术的运用，推动服务平台的升级，实现与前沿技术动态的无缝链接。

二、大数据环境下数字图书馆建设与服务的对策

（一）转变信息资源建设观念

目前，数字图书馆对结构化数据的管理比较成熟，但缺乏对非结构化数据的统一管理。应基于用户需求调整信息资源结构建设，保证信息资源质量，支持多种异质文档及其元数据的管理，并支持多媒体文档的存储、保管、检索和管理，形成一种新型的、分布式的和整合式的资源集成平台。在大数据环境下，图书馆没有必要也不可能将全部馆藏数字化，但必须优先对在某一方面形成了一定规模的、结构比较完整的文献资源特别是原生资源，有系统、有组织地进行开发整理，以真正发挥数字图书馆的规模效益。无论是要开发原生数字资源还是管理特色馆藏，都要时刻关注这些数字资源的长期保存的标准问题、存储介质的选择问题、多重备份与适时迁移问题、仿真与再造技术问题、安全和管理等技术问题。图书馆可将增长最快的数码照片以当前的主流形式拷贝在同时期可持久使用的媒介上，同时注意色彩空间与压缩；关于网站存档，图书馆可依据不同的用户群通过互联网捕捉网络快照获得集中存档。

（二）发展新型数字知识服务

图书馆现有的服务平台内容相对简单，缺乏对海量数据的加工处理与管理服务。应转变服务理念，从海量数据中洞察用户行为，将其与已有业务融合，创造新的途径来挖掘更大的价值。数据图书馆将成为未来数字图书馆的一部分。因此，一方面，从长远发展来看，数字图书馆应该在基于云计算等技术模式的支持下进行数字资源的深层次开发，使系统具备更强大的互操作性，并能够在此基础上进行系统定制，以拓展对原始数据的转换、挖掘、组织等新型数据服务功能，从海量数据中筛选有用信息，对用户满意度、资源利用分布及趋势发展等做多种角度解析、跟踪，并通过可视化技术展示出来，开拓一条数据主导型的知识服务之路。另一方面，数字图书馆是一个牵涉到社会各方面的复杂性工程，必须走出与实体馆同质的象牙塔，向业务流程上游移动。数字图书馆应积极参与业务大循环，调动相关行业的优势力量，强化与数据供应商、出版社和企业的合作，深入挖掘大数据，不断充实自身的业务流程，拓展移动图书馆等信息资源增值服务，实现不同用户群体的信息共享与利用，提升服务能力和运作效率，提高个性化知识服务的水平。

（三）完善财政投入机制

大数据给数字图书馆的发展带来了极大的经济负担，产品与服务的成本增加，而资金投入不足。因此，在建设我国数字图书馆时，政府投资要注重可持续性与全方位性，实现投资内容多元均衡发展。在国外，由于税收政策等的引导，政府、基金会、行业协会专业机构和企业等都是数字图书馆建设的投资主体。我国的数字图书馆建设也可以广泛动员社会力量的参与，政策支持与鼓励基金会、行业协会、专业机构以及个人投资数字图书馆项目建设，优化投资结构，拓宽收入来源，推动资源建设联盟的发展。同时，数字图书馆可以实施规范化的项目管理，展开馆际区域合作与资源整合共享，进行长期有效的成本研究和成本管理，确保有序、高效地完成图书馆构建泛在知识服务的目标。在以公益性无偿服务为主的前提下，可以适当辅之以市场化手段运作，注重参考咨询、科技查新、馆际互借等服务的数字接入方式和技术实现，提升图书馆的服务效益。

（四）提高图书馆工作人员素质

数字图书馆如何应对知识产权风险将决定其服务的最终导向。数字图书馆应当重视知识产权的保护，提升馆员素养，自觉维护知识产权，由专门的版权图书馆馆员负责相关宣传，以增强公众的知识产权法律意识。同时，为保护公民的文化权利和数字资源使用权，国家应通过图书馆立法，规定数字图书馆的法定许可权，使"数字图书馆"能够合法地利用现有的数字化资源，减少与著作权人的信息获取成本和谈判成本，实现版权的排他性与信息共享之间的平衡，保障公众利益；建立著作权集体管理机构，使数字图书馆建设可以获得信息资源建设、传播和利用的授权，以解决其可能面临的知识产权问题。例如，超星数字图书馆与中国版权保护中心合作发行读书卡，加强了对版权的保护；通过数字水印技术、访问控制技术等手段对数字资源及用户权利进行权限限制，以保护知识产权，最大限度地维护数字图书馆的合法权益。

第二节 大数据环境下图书馆信息资源建设

一、大数据环境下图书馆信息资源建设中存在的不足与影响

（一）大数据环境下图书馆信息资源建设中存在的不足

第一，信息资源建设不够规范。部分数字图书馆网站在形式与分类上存在严重的同质化问题，有的图书馆直接照搬其他数字图书馆的样式，使得读者产生视觉审美疲劳。此外，数字图书馆的形式以及内容相对单一，缺少本土馆藏资料和特色化的馆藏数据库。在数据库的开发建设上也缺少统一化的规范与标准，使得不同数据库之间无法共享与兼容，难以实现跨库检索。

第二，专业人才欠缺。网络技术和大数据技术的不断发展对图书馆管理人员的素质与能力提出了更高的要求，但是从实际情况来看，图书馆信息资源建设方面的人才比较匮乏，学历整体偏低，技术不足，没有建成特色文献资源服务和读者多元化需求相匹配的管理制度，缺少对馆员的信息资源技术以及专业知识的教育与培训机制，忽视了对馆员进行信息资源相关内容的教育。

第三，信息资源使用率较低。当前图书馆管理工作中普遍存在信息资源使用率较低的问题，很多图书馆尽管耗费了大量的人力、物力构建数字图书馆，并且将很多馆藏文献都转变为数字化内容，购买以及引入了大量的数据库，可是建成以后使用率相对较低。很多读者根本不知道图书馆还有这方面的功能，有的读者不了解信息资源的检索方法。

第四，信息资源共享意识不足。很多图书馆在信息资源上存在着共享意识不足的问题，重复资源大量存在，投资过于盲目，各自为政，重复建设，使得很多资源被大量浪费。在大数据时代背景下，衡量图书馆的标准不单单是资源的规模与藏书的数量，更加重要的是信息资源本身的价值，也就是信息资源是否能够为师生提供更加个性化以及特色化的服务，是否能够全面满足师生的多元化需求。

（二）大数据对图书馆信息资源建设的影响

1.图书馆的信息服务更加精准

图书馆的信息服务通常可以分成四种不同的形式：第一，传统租借服务，指的是图书馆按照读者的需要，为读者提供被动性的服务；第二，将科技融入资料查询服务当中，对文献内容进行多次编制，为读者提供文献的摘要以及目录等索引信息的服务；第三，网络检索服务，指的是将文献与书籍资料录入到网络平台中，读者可以利用电脑以及智能终端设备在网络上查阅相关信息，并且对其开展检索服务；第四，社会需求服务。从社会需求的层面出发，为读者提供招生、招聘以及股市等方面的信息。随着大数据时代的来临，图书馆的信息服务工作更加具备针对性。不论是传统租借服务、文献索引查询以及网络检索等内容，都可以利用大数据技术对读者的需求进行系统化以及全面性采集，分析读者的潜在需求，从而为读者提供个性化的信息资源服务。大数据极大地拓展了图书馆服务的理念，对信息服务方向进行合理化的引导，有效提升服务质量。

2.对图书管理人员的要求更高

大数据时代，图书馆的信息服务内容以及方式都得到了显著提升。传统图书馆服务通常依托手工操作，将人为管理作为辅助，这种服务形式不单单浪费了大量的时间以及人力，同时在操作过程中还会产生一定的错误。可是，大数据技术推动了图书馆服务理念以及方式趋于自动化，这种操作形式的载体主要是计算机，对于图书管理人员的综合素质有着较高的要求。如何提升自身的专业素养，转变服务理念，是众多图书馆工作人员面临的一项重要考验。图书馆工作人员不仅要掌握图书馆业务、情报业务等知识，还需要全面掌握计算机技术。大数据时代，图书管理人员对于信息资源的操作需要依托计算机完成，通过使用相关的软件对资料、数据进行统计分析。

3.图书馆的技术更加先进

传统利用电子阅读工具的服务形式已经无法满足大数据时代读者的要求，他们更加希望获得智能化以及深层次的信息服务。这要求图书馆要具备更高的服务模式，使得图书馆不得不引入新工具、新技术，保证服务的智慧化以及智能化。当前，部分图书馆已经开始采用云计算手段，联合其他图书馆共建云服务平台，打造数字资源共享机制，不断拓展各图书馆的信息来源，为用户提供更加优质的信息服务。此外，众多的图书馆 App 软件可以将馆藏信息、活动信息等内容及时传送给读者，使得移动服务效率得到了显著提升。

二、大数据环境下图书馆信息资源建设的策略

图书馆信息资源建设主要包含了以下内容：首先，合理利用图书馆资源，利用云计算

与大数据技术提升信息资源整合效率；其次，加强对馆员的教育培训工作，引导读者更加全面地了解图书馆信息资源的相关知识，提升资源使用效率；最后，构建特色化的图书馆数据库，保证图书馆个性化发展。图书馆要依据自身的条件，合理确定本馆信息资源的整体结构框架，彰显出重点，依据针对性和实用性的原则确定图书馆信息资源的组织和开发，为教学和科研工作提供更加深层次的服务。因此，图书馆需要紧紧掌握大数据时代的条件，依据科研和实际要求，有针对性地使用与开发信息资源。

（一）提升数据的整合效率

目前，图书馆数据规模日益庞大，如果单纯依靠对 IT 基础设置架构的优化，很难应对日趋复杂化的大数据资源环境。所以，图书馆需要引入云计算技术，为数据整合的高效以及安全提供技术上的支持。图书馆需要将云计算以及大数据整合需求进行融合，通过云计算，划分数据中心所采集数据的安全等级。对于那些安全等级相对较高的数据，例如用户的隐私、安全监控数据以及位置信息等，要和日志、阅读需求等安全等级需求相对较低的数据区分开来。首先，从节约成本的层面出发，图书馆要充分结合大数据整合需求以及自身经济实力展开系统化分析，采用自建私有云的形式管理关键数据，对于那些安全等级相对较低的数据则可以租赁云数据托管系统完成备份以及存储。其次，在安全等级较低的数据存放过程中，需要和外部数据托管平台服务商签订关于数据维护以及恢复方面的协议，提升数据的安全性，尽量降低经济支出。

（二）拓展培训的广度

大数据时代，图书馆要更加关注对人才的培养，因此人才队伍是图书馆建设的基础。图书馆在大数据时代需要综合性地应用多种技术，面临着相对烦琐的管理与技术工作，面向读者的人群也呈现出多元化和多样性的态势，肩负着向读者提供知识服务的重要使命。想要胜任大数据时代图书馆的服务管理工作，需要馆员具备较强的专业素养以及综合素质。在过去很长一段时间里，我国图书馆并不关注人才队伍的建设，很多图书馆中甚至聚集了大量的干部随迁家属，馆员的整体素质不高，年龄结构趋于老龄化。所以，图书馆要严控人员入口关，加大对于已有馆员的情报学教育培训，为图书馆人才、读物的建设奠定扎实的基础。图书馆要在馆员培训工作中投入大量的资金，拓展培训的深度以及范围，更新馆员的知识，延伸馆员的视野，保证馆员可以胜任大数据时代图书馆的所有工作。

不单单要对馆员进行培训，同时也要将培训的范围拓展到读者层面，加强读者对于信息资源的认知。充分使用微博以及微信等微媒体途径，有步骤和有计划地培训用户如何使用信息资源，掌握数据检索、信息推送、知识挖掘以及个性化定制等方面的能力，关注读者对于信息资源服务的反馈意见。通过讲座、网页、电子显示屏等方式向读者介绍图书馆内的信息资源。比如，可以针对某一专题开展信息资源推荐活动，以互联网为平台，将微博、微信等新媒体作为工具，每个阅读群中由一名图书馆管理人员负责，针对专题展开热烈的讨论，并认真倾听读者的心声。按照读者的需求与建议改善信息资源培训服务，保证信息资源可以得到最大化利用。

（三）创新信息资源的内容与形式

在特色数据库的建设过程中，要按照国际统一规范与标准实施，保证不同数据库之间可以实现兼容与共享。比如，高校图书馆在建设的过程中，可以有意识地改变传统图书馆信息资源服务模式，不仅要购置相对完备和成熟的数据库，同时还要满足师生的信息需求，从当前馆藏的实际情况出发，有步骤、有计划地收集师生的优秀作品与科研成果，有针对性以及有选择性地建设满足本校专业特色以及师生需求的信息资源，构建将专业作为主要内容的信息资源自建库，其内容包括了本校师生的论文、著作、研究报告及作品等数字化资源，充分体现出高校的特色。此外，在数字化图书馆网站的建设中要尽量避免与其他图书馆之间的同质化问题，结合本区域的特色，打造个性化的数字图书馆平台。

图书馆不仅要构建特色数据库，同时还需要从读者的实际需求出发，对信息资源进行创新。读者获取信息日益便捷，对于信息资源的实际需求从单一化向着多元化转变。

首先，信息资源内容创新。利用大数据充分挖掘读者需求，开发出满足个性化、具有启发性的信息资源产品。对现有馆藏资源进行充分挖掘，利用较差学科知识与科学技术，对馆藏文献进行系统分析，挖掘其暗藏的隐性知识，为读者提供全新的信息资源产品，不单单可以让读者得到更加实用的信息资源，同时还可以获得启迪以及智慧。此外，强化不同信息资源之间的有效整合。大量的信息资源不断涌入，不仅为读者提供了更多的选择空间，同时也带来了一定的困扰。图书馆需要借助自身的优势，对某个内容在不同阶段以及不同形式下产生的信息资源进行系统化的分析与整合，产生多样化的信息资源产品，将其传递给读者。

其次，信息资源形式创新。针对不同读者的需求，开发普适性与选择性并存的信息资源，在不同的方式、场景以及目的下合理化地使用信息资源产品。尤其要兼顾特殊读者群体，如儿童、老人及残疾人等。如果能够将相同的内容按照不同的形式进行编辑，充分满足不同群体的需要，那么将会提升读者黏性，有助于图书馆的发展。

第三节　大数据环境下图书馆自动化系统建设

实现自动化管理是图书馆的必由之路，而图书馆自动化系统是图书馆自动化的集中表现，图书馆自动化建设是实行自动化管理的基础，图书馆自动化系统建设既是重要而复杂的系统工程，同时又是一个从初级到高级不断延续进行的工程。网络环境下的图书馆自动化系统，在信息技术迅猛发展的推动下将发展到一个新的时期。

一、图书馆自动化系统建设的认知

网络环境下的图书馆自动化系统应当是适应于网络运行环境，充分满足图书馆服务模式深刻变革的图书馆自动化集成系统，并朝着网络化方向发展。

（一）图书馆自动化系统建设的目标

系统目标是系统建设的依据。总体而言，图书馆自动化系统建设目标是建立一个良好系统结构、合理工作流程、完整系统功能的资源高度共享的集中系统。系统目标按功能可分为业务管理、检索查询、联网共享三个主要方面：

1.业务管理。业务管理就是把图书馆日常工作中的书刊采购、验收登记、分类编目、流通管理、数据统计、行政管理等全部纳入自动化进行管理，并可根据要求输出各种数据。业务管理纳入自动化系统管理，不是将日常业务工作机械地复制到计算机上，而是要比传统模式更科学、更规范，充分利用计算机自动处理数据的强大功能，使许多手工操作难以完成的工作得以迅速、准确地实现，极大地提高了工作效率。

2.检索查询。自动化系统的突出优势是检索查询，系统充分体现了对馆藏信息的多途径、多角度的查询。图书馆自动化系统不仅使传统的书名、分类、著者等检索方式能迅速、准确地得以实现，还可以实现主题词等多种途径的任意检索和各种信息（包括动态数据）的查询，且各种检索查询方式方便灵活，可以满足读者的各种检索需求。

3.联网共享。图书馆随着社会信息化的发展，绝不只是阅览和借还书刊的场所，而将逐步成为提供各种信息资源、进行信息服务与管理的中心。因此，图书馆自动化系统不仅要具有馆内文献存取和服务能力，而且要有不断扩大电子文献和网上文献的处理和服务能力。在系统规划设计时，就要考虑与地区网以及中国教育与科研计算机网的联网要求，以达到充分发挥自动化系统的作用和充分利用各种信息资源为社会主义现代化建设服务的目的。

（二）图书馆自动化系统建设的原则

图书馆自动化系统建设虽然是一项复杂的系统工程，但是以系统建设目标为指导，联系图书馆自动化系统建设的影响要素，我们可以把图书自动化系统建设的基本原则归纳为以下方面：

1.领导参与原则。领导参与原则其实是任何一个信息系统建设都应遵循的。图书馆自动化系统建设是一项浩大的系统工程，它涉及组织日常管理工作的各方面，所以领导应出面组织力量，协调各方面的关系以促进系统建设。同时，有了领导的参与，系统建设的经费也能及时到位。领导的参与是成功建设自动化系统的重要条件。

2.系统性原则。系统是由相互联系、相互依赖、相互制约、相互作用的事物和过程组成的具有整体功能和综合行为的统一体。图书馆本身就是一个系统，同时又存在于社会这个大系统之中。图书馆自动化系统是包括设备、人力、技术、数据及机器运行的统一的整体。建立图书馆自动化系统就是要用以计算机为主的现代化设备完成图书馆工作中各种信息的输入、存储、加工、传递和使用，从而提高图书馆工作效率。为了达到这种目的，我们必须坚持系统性原则，用系统方法来指导图书馆自动化系统建设，正确地处理系统与环境的关系，系统目标与系统功能结构的关系，系统整体与部分的关系，系统内部诸多要素相互之间的关系，系统各建设要素之间的关系，系统建设各工作阶段之间的关系。在图书馆自动化系统建设时，坚持系统性原则，应该做到：第一，外部条件和内部条件相结合。外部条件就是环境因素，一个系统不仅受到本身因素，如信息流、物质流的制约，而且还受到图书馆工作制度、规定、读者、经济、社会环境等因素的制约。因而，在系统建设时，应把内外部各种因素结合起来，综合分析。第二，当前目标与长远目标相结合。在图书馆自动化系统建设时，必须把当前目标和长远目标结合起来，应展望未来，把握其发展趋势，使系统具有一定的可扩展性，能够适应一些新的变化。第三，局部效益和整体效益相结合。图书馆自动化系统是由采访子系统、编目子系统、流通管理子系统等组成的，这存在一个局部效益与整体效益的问题。在进行系统建设时，应从整体目标出发，寻求最佳的整体效益。

3.实事求是的原则。图书馆自动化建设要从客观实际出发，紧跟时代发展的潮流，找准切实可行的高起点，做好全面规划。系统建设时，应遵循辩证法的观点，把系统与环境之间的以及系统内部的问题客观地反映出来。同时，要保证系统和子系统及其环境符合空间和时间的有序性，协调它们之间的各种关系，不断优化，使系统总体性能处在最好状态。针对图书馆工作的实际情况，从实际出发，将日常工作中重要烦琐的手工管理电子化，全部纳入自动化管理，并且使自动化系统操作使用灵活、简便，系统功能充分满足各工作环节业务处理的需要。

4.开放性原则。网络环境下的图书馆自动化集成系统是一个开放系统。以开放性思想建设图书馆自动化系统，使图书馆的网络化成为可能，使信息资源共享真正实现。在开放性的原则下，图书馆所提供的信息资源及其服务不再局限于一个馆，而是扩展到整个网络；服务对象不再局限于一个馆的读者，而是服务于网络中的众多用户；图书馆收集和加工的数据并不再仅仅归自己所有，而是网络中所有合作者的共同财富。

5. 高效原则。系统的工作效率是系统建立时应该注意的一个问题。效率与时间有关，如联机处理的响应时间（即从发出要求到应答信号的时间），批处理系统的处理速度（即处理单个业务的平均时间）。在实时录入成批处理的事务处理系统中，常用处理能力（标准时间内处理的业务个数）来表示系统的工作效率。影响系统效率的因素很多，包括系统的硬件及其组织结构、人机接口设计的合理性、计算机处理过程的设计质量等。

6. 标准化原则。标准化是人类以制定标准和贯彻标准为主要内容的活动和过程。一般认为，统一、简明、协调、优化是标准化的基本原则。开放性靠标准化实现。标准化是网络环境各种功能和活动的基础。网络环境下的图书馆自动化系统建设不仅强调系统内各子系统之间的协调一致，还要考虑系统自身与其他图书馆系统，与社会的协调、联系及合作。为使这种协调、联系与合作能够得以实施，必须制定和遵循一定的工作标准。网络环境下的图书馆自动化系统建设应坚持标准化原则，严格按照有关标准特别是系统工程和软件工程的思想和有关的标准规范来进行建设工作，达到尽可能减少经费、提高效率和保证质量的最优效果。标准多半与数据交换相关，如机读目录格式的标准、信息检索的应用服务定义和协议描述等。标准在各系统的接口处起作用，但各馆也可以参照标准规范各自的内部工作。

7. 可靠性与安全性原则。在网络环境下，图书馆自动化系统的可靠性与安全性面临新的挑战。提高系统的可靠性和安全性也有各种途径，如选择可靠性较高的设备，采用硬件结构冗余设计、设置故障检测、恢复处理等各种安全措施等。系统所用设备和材料均应符合国际和国内认可的有关标准，保证系统在高负载情况下的稳定性，利用各种先进技术，有效控制系统资源，保证自动化系统的正常运行。

8. 经济性原则。系统的经济性是指系统收益与支出之比。图书馆自动化建设不仅要提供配置硬件的经费支持，而且对于硬件购置以后的维护、软件配置和维护等同样需要提供经费支持或至少提供启动经费。图书馆自动化系统的作用主要表现在提高图书馆信息处理能力、强化信息资源作用，图书馆是公益性的事业单位，很难体现直接的经济效益。所以，在评价图书馆自动化系统时，还应重视其社会效益。

（三）图书馆自动化系统建设的影响因素分析

图书馆自动化系统建设是一项复杂的系统工程，涉及各种复杂因素。除了要考虑理论、技术和方法等因素外，更多要考虑文化社会、科学技术、环境、组织管理和经济等人文社会因素。

1. 文化社会因素。与图书馆系统建设相关的管理体制、领导、组织、政策、法规等文化社会因素在一定程度上影响着自动化系统的建设。

2.科学技术因素。自动化系统建设涉及信息科学技术、计算机科学技术、管理学和行为科学、通信工程、系统工程等多学科的知识，而系统在建立过程中会运用到程序设计技术、可视化技术、客户／服务器技术、条码输入技术等技术。

3.环境因素。任何系统的外部环境都是不断变化的，随着环境的变化，系统的需求也要跟着变化，由于变化的趋势难以预测和把握，这就增加了自动化系统建设的难度。

4.组织管理因素。实践证明。大中型系统建设成功的关键因素不是技术而是管理。系统建设是整体性工程，需要实施有效的组织和管理。系统建设的组织管理包括项目管理、人员管理、经费管理、进度管理等内容。

5.经济因素。自动化系统建设的重要条件就是要有足够的资金投入，预算是否科学，资金是否到位等关系到这一系统建设的成功与否。

二、图书馆自动化系统建设的业务流程

图书馆的业务工作是图书馆自动化系统设计的基础，而自动化建设能对业务流程进行改进和重组。

（一）业务流程的内涵

迄今对业务流程的概念仍未有统一的和权威性的定义。"业务流程"是外来词，其对应的英语有两个词："Workflow"及"Work Flow"。"Workflow"侧重于技术上的讨论；"Work Flow"侧重于思想上的研究。比较广为认同的定义是：业务流程就是"工作的流动"，是指为顾客共同创造价值的相互衔接的一系列活动。它是业务与业务之间的传递或转移的动态过程，是企业或其他单位为了达到其既定结果所进行的一系列活动。业务流程通常由以下部分组成：

①清晰定义的客户：可以是内部或外部客户，是流程结果的使用者或受益者；②明确的目标：任何业务流程都有其明确的目标；③合乎逻辑的、依照一定顺序排列的活动；④对工作有重大影响的决策点；⑤明确的输入和输出：输入／输出的形式可以是物质、资金、信息或二者的组合；⑥明确的流程负责人。

信息流是指信息在图书馆（或企业等）内部的不同部门、个人之间或者是信息在图书馆（或企业等）与图书馆（或企业等）外（客户、供应商、股东、政府等）之间的流动，信息流和业务流程之间的关系可以理解为业务流程是信息流的载体，信息流是对业务流程的反映。

业务流程几乎包含了企事业单位所有的运行操作。根据内容分，业务流程可分为客户关系管理，供应链、知识和决策管理等；根据重要度分，业务流程可分为核心流程和非核心流程；根据操作分，业务流程可分为运营流程和管理流程；根据流程分，业务流程可分

为物流流程和信息流流程；根据范围分，业务流程可分为组织间流程、职能间流程和个人间流程；根据过程分，业务流程可分为串行流程、并行流程和反馈流程；根据目标分，业务流程可分为长期（投资）流程、中期（运转）流程和短期（获益）流程。

（二）图书馆的业务工作流程

图书馆业务工作流程主要体现为有形文献资源的采集、加工、处理等操作过程。在图书馆中，对有形文献的采购、编目、流通、阅览、剔除等工作，针对一个或一批具体有形的物理对象（书、刊、光盘、磁盘、缩微品等）进行这一过程，表现为有形文献资源的有序流动。

1.信息采集。信息采集包括纸质文献信息的采集和网络数字信息的采集。文献信息的采访工作是传统图书馆业务流程的首要任务，长期以来，起着至关重要的作用。在此过程中工作人员根据本馆信息收藏的原则、采购标准，通过选购、订购、邮购、委托代购和交换、接收、征集等方式，有计划地补充本馆的各种信息资源。在网络环境下，由于载体形式的增多和信息量的激增，"采购"职能有了很大变革。采购人员要根据每个图书馆的情况选择哪些资料需要存储在数据库中，哪些网址值得"编目"并向读者推荐，哪些电子图书需要"购买"，哪些电子图书应可以在其他图书馆中通过馆际互借得到。在数字发行领域，"可信赖的系统"将使交易进行的方式与发行纸制拷贝时没什么不同。图书馆在网上"选购"图书的过程就是把资料拷贝到图书馆的数据库里，并购买几份拷贝权。这个对因特网的过滤工作使网上庞杂的信息的一部分变成了图书馆购入的图书（包括各种多媒体信息）。

2.信息加工。信息加工也包括对文献信息和网络信息的加工，主要是指验收、查重、分类、主题标引、编目等工作。

3.典藏。典藏就是图书馆将收集到的文献，根据内容性质、特点、形式、用户习惯及馆舍等因素系统地划分和组织，以便收藏利用。在网络环境下，典藏的内容还包括建立数字资源数据库。

4.服务。图书馆的各项业务工作的最终目的是向读者提供各种信息服务，各项工作也是围绕读者这个中心而展开。图书馆的流通服务、多媒体信息服务、虚拟参考咨询服务等都是直接以读者为对象的。

另外，流通资源的数字化和网络的便利使流通部门的功能发生了很大变化。比如借书证（卡）的管理实现网络化，网上的身份确定，联机的借书还书、图书续借、预约、馆际互借、代查代借等。网上资料可分为有版权的和无版权的两类。对于大量无版权的数字信息而言，确定了读者身份，将其所需信息拷贝到读者机器上，由于拷贝权不受限制，所以图书无须归还。现在已经有很多图书馆对大量无版权的图书实现了无返还的出借。对于有版权的信息，图书馆只可能拥有有限的几份拷贝权，它们的借入借出过程实际上是拷贝使用权的转入转出。图书馆把资料的一份拷贝转到读者的计算机上，这份拷贝的使用权（不包括修改）就转给了读者。当然，出借期间图书馆不能使用这份拷贝，直到读者把拷贝转移回图书馆。如果到期读者没有还书，系统将自动删掉读者机器里的拷贝，转移到图书馆，完成"还书"。这个过程避免了书从架子上的挪动，使流通可以由机器完成。

三、图书馆自动化集成系统的结构

从当前一些主要的图书馆自动化集成系统的发展情况来看，绝大多数的系统已经实现了网络化信息的检索功能，网络资源建设和因特网内部网相结合、因特网检索等功能也都在部分系统中得以实现。一方面，新的图书馆自动化集成系统不仅使图书馆自动化系统的功能得以不断完善；另一方面，它也改变了图书馆自动化集成系统的结构。

（一）图书馆自动化集成系统的功能结构

1.图书馆自动化集成系统的采访子系统

建立图书采访子系统的目的在于为图书采访工作提供各种必要的数据，打印统计报表，处理各种订单，进行经费管理，及时与出版商联系，掌握出版发行动态，实现图书采访工作的自动化。它的业务功能主要有以下内容：

（1）订购管理。订购管理包括单行本、丛书、多卷书采购数据套录、输入、修改、删除、查询，打印订购单及对订购清单情况做剔除或做复本处理。

（2）验收数据。验收数据包括图书的验收、个别登记、打印财产账、总括登记查询、打印总括登记表、核查所验文献资料是否曾订过、加入和修改采购信息和记录、进行退还管理、打印差错清单等功能。

（3）经费管理。经费管理包括经费使用情况的管理及有关单据管理，对与发行者之间财务往来和所有财政支出做有效记载，追加采购记录时可提示经费是否已经超限，可自动进行多种货币币值的转换。

（4）统计报表。统计报表包括预订统计、到书统计、接收统计、赠送统计，并产生相应的统计报表。

（5）书商管理。书商管理是指对书商信息进行标准化管理，增添新出版社、删除旧出版社、出版社更名、出版社查询等，可加快采编部工作人员的进度。

（6）票据打印。票据打印是指完成票据文档的设计工作，所有采购票据均可打印存档。

（7）系统维护。系统维护是指对采访数据库进行追加或修改等操作，对不同来源的数据按标准进行转换，自动进行对 ISBN（ISSN）号、出版单位、国别、书商代码等的规范检查；可对取消订购的记录进行批删除或个别删除；提供记录复制及复制时的修改功能；进行各种文档的维护，进行剔旧、注销时的财产账文档更新。

上述七项功能只是一些传统的图书馆自动化集成系统所共同具有的一些功能。近年来为适应网络环境的需求，各开发单位根据自己的软件特色，对原有的一些子系统进行了部分修改，增添了如电子订单采购等功能。

2.图书馆自动化集成系统的编目子系统

计算机编目就是对图书数据处理的过程，也就是把一本书、一篇文献的内容特征和外部特征记录在计算机载体上，按条例进行规范著录，成为一组书目数据。图书馆的各项工作基本上就是以书目记录为基础而展开的。编目子系统是采购、流通、公共查询等子系统的基础，是图书馆自动化集成系统的核心组成部分。

（1）编目。按照 MARC 著录格式，完成图书文献资料的著录工作。

（2）规范控制。遵循共同的著录条例进行文献资料著录工作的规范控制，构建文献资料编目数据库。

（3）书目查询。可通过题名、著者、关键词、ISBN 号等多途径来实现书目信息的查询。

（4）统计报表。对馆藏图书按分类、文种、馆地点等进行统计，打印报表。

（5）数据管理。对所收集的各类书目数据进行归类、管理，在顺利完成数据的录入工作后，对原始数据进行相应的分类归档。

（6）系统维护。完成编目数据库的日常维护，进行编目数据的增、删、改等操作。同时在数据库建立完成后，也应建立起相应的倒排档，便于进行书目信息的检索。

（7）产品输出。经校对无误后，将所得的编目数据存入编目数据库，并打印输出目录卡片及其他形式的各类工作文档。

3.图书馆自动化集成系统的流通管理子系统

流通子系统是图书馆实现自动化较早、效果较明显的一个子系统。它是一个直接与读者接触的子系统，它的运转情况直接反映出馆藏建设的质量、读者的需求满足程度、服务质量和效率。由于流通子系统巨大的数据流通量，要求流通子系统必须保持高度的稳定性和可靠性。

（1）流通管理。这项功能主要是完成图书馆文献资料的借书、还书、续借、预约、催还、罚款、图书查询、藏书管理等功能。

（2）读者管理。系统需实现读者办证、读者退证、读者挂失及解挂失、读者补新证等功能。

（3）统计报表。进行藏书统计（含馆藏图书的种数和册数、藏书保障率的统计）、图书馆读者统计（含读者总人数统计、按读者类型统计人数、读者到馆率的统计）、图书流通统计（含各类型的图书的流通率、拒借率的统计），打印相应的报表，建立图书文档、读者流通文档、预约文档、统计文档，并打印输出各类报表。

（4）财经管理。对图书馆流通系统的一些图书馆罚款和复印、打印等图书馆有偿服务费用进行财经管理。

（5）系统维护。包括流通子系统的数据维护和安全维护两方面的内容，对流通子系统的各类数据库进行及时的修改与维护，确保系统的数据和文档的安全性。

4. 图书馆自动化集成系统的期刊管理子系统

期刊管理子系统的采购、验收、装订、编目、流通、统计报表、经费管理、系统维护等子系统的功能和内容与图书的采访、编目、流通等子系统的功能和内容相似。与各图书资料处理系统相比，期刊子系统只是在具体的操作过程中，比图书多了一个过刊的流通与管理过程。读者可参照上述的各图书子系统的功能来了解期刊管理的一些功能。

由于期刊本身所具的出版周期性、连续性、使用率高等特点，我们在进行图书馆自动化集成系统的设计时，将它单独作为一个子系统来进行设计，在具体的系统分析与设计过程中，期刊也有一些不同于图书的部分，尤其在当前的数据库建设时期，期刊全文数据库的建设成为众多的图书馆数据化建设的重要内容。期刊编目、索引的质量将直接影响到期刊子系统的质量。

期刊子系统在进行设计时应注意到期刊的一些特点：期刊的采集过程是有规律的，订购基本是一年一次的，相同种类的期刊每年的订购数据基本是不变的，可重复使用。它的书目数据库一般主要由编目数据、馆藏数据和采集相关的一系列索引文件(倒排档)组成。编目的查询途径包括：分类号、主题词、ISSN 号、题名关键字、编者以及上述途径的逻辑组合。在流通过程中，期刊的管理比图书的管理多了一项过刊管理，具备对过刊的装订和著录、流通等处理功能。

5. 图书馆自动化集成系统的信息咨询与检索子系统

信息咨询与检索子系统是传统的情报检索子系统功能的延伸，在新的网络环境下，出现了图书馆的联机公共检索系统。这个子系统的功能主要包括：

（1）信息咨询。信息咨询包括读者信息查询、读者个人信息管理、书刊目录信息查询等内容。

（2）情报检索。情报检索包括图书检索、期刊检索以及其他的各类资源（包括电子信息资源和网络信息资源）的检索。它既能进行单项检索（按照题名、著者、关键词等检索点进行检索），也可提供逻辑组配、截断、二次检索和辅助检索功能，能够提供友好的用户接口，进行检索结果输出格式的选择和检索事务管理。

（二）现有的图书馆自动化集成系统结构

一个较好的集成系统应该具有先进而稳定的体系结构。现有的大型图书馆自动化集成系统，大多采用 C/S 结构，即客户机/服务器模式，但是这些系统又是各有特点的。大多集成系统采用三层网络体系结构，大致为客户层、应用软件服务层、数据库层。也有的系统采用了更为先进的多层（超过三层）结构，如 A leph500 系统的多层结构体系。

第四节　大数据环境下图书馆信息化服务工作

随着大数据技术和网络信息技术的迅速发展，信息高速公路的建设与应用为大规模的信息系统、图书馆系统的发展提供了新的环境和条件。同时数据信息资源的崛起，使传统图书馆服务模式面临更新换代，也给图书馆自上而下发展空间带来了新的契机。在知识经济时代，社会生产对知识的需求越来越快速化、精准化，传统图书馆要求读者静心阅读的方式受到严重冲击，促使传统的机制、运作在发生根本性变化，新型服务模式应运而生。然而在这种新型模式下，根据信息资源、服务对象、服务方式、服务内容等特点，迎合时代的需要，又要求在图书馆管理和服务过程中不断积累和生成读者的阅读习惯和阅读数据，做好读者网络数字化、信息化服务工作。

一、大数据环境下图书馆信息化服务对象的变化

第一，服务对象的变化。大数据时代的公共图书馆，由于其信息互联互通的特点，使用图书馆信息资源的用户已经远远超出了传统的用户范围，不仅是指真实到馆的用户，同时还包括了大量未到馆的网络用户，并且即使是实际到馆的用户，其使用的也可能是数字化的终端。由于公共图书馆的大数据资源具有实时共享性，可以在任何地方、任何时间、不受束缚地进行数字化访问。使用者足不出户就可以满足其信息需求，并且在使用过程中还可以获得更方便快捷的服务和更加生动的体验。这就意味着公共图书馆信息资源用户比以往大幅度增加，其需求也更加多样化，用户也更加复杂化，既包括生长在大数据时代的年轻人，也包括对大数据接触甚少的中老年用户。这就要求，图书馆既要求提供品质精美的纸质图书，更要提供方便快捷信息互通互联的数字化服务。所以公共图书馆的各项服务也既要迎合时代的变化，又要顾及各类用户。

第二，服务方式的变化。大数据时代的公共图书馆信息资源将读者与图书紧密结合，将提供借阅场所与服务结合。图书馆已经不仅是借阅图书的地方，更是获取信息、享受文化服务、深入探索文化的场所。这就要求图书馆能够及时准确地获知读者的信息需求，了解读者的文化现状，熟知读者的心里所想，我们想读者所想，提供读者真正需要的服务，避免为读者提供不需要的信息。所以就需要我们利用大数据带来的信息效应，精确定位读

者，准确把握读者，做读者的知心伙伴。这样才能够更加知性地为读者服务。

二、大数据环境下图书馆信息化服务的建议

"大数据系统拥有较强的延伸性，图书馆要根据大数据环境的本质，掌握住核心技术和未来发展的方向，发挥出图书馆中大数据系统的优点。图书馆还要了解读者的爱好、习惯和需求，从而不断提升图书馆的管理水平和读者服务质量，运用智能化、网络化的高新技术，在大数据环境下，抓住机遇，促进图书馆的稳定运行。"①

第一，注重收集读者数据，运用读者数据精确服务。图书馆应根据客户留下的数据信息，用科学合理的方式为客户推送相关信息。作为现代社会的图书馆，承担的重要使命就是真正了解读者，为读者提供有用的信息和服务。要对读者做到心中有数。而这一切就要注重收集读者留存的数据信息，根据这些数据信息制定合理、科学、有效的服务标准和方法。

第二，数字化图书馆阅读推广。数字时代的公共图书馆还可以通过移动图书馆为用户提供海量数字资源，建设特色数字资源库，让读者足不出户便能阅读到公共图书馆特别制作的各类电子图书海量信息和图书，更为重要的是，电子图书馆可以让读者不受时间和空间的限制，让学习无所不在，无处不能。数字化的图书馆更是形象生动的代名词，通过大数据，让读者与历史连线，与人物对话，身临其境。数字化图书馆通过对不同平台的整合，将信息内容进行了有效拓展，用户可以利用任何智能终端进入移动图书馆，让学习移动起来，让信息移动起来。随时随地对移动图书馆内的信息资源进行浏览、查询、阅读，满足其信息需求。

---

① 曲莙：《大数据环境下图书馆读者服务的开展及优化》，载《中文信息》2019年第1期，第46页。

参考文献

[1] 陈军.对图书馆信息化的认识 [J].国家图书馆学刊, 2004, 13 (3): 44-48.

[2] 陈能华.图书馆信息化建设 [M].北京: 高等教育出版社, 2004.

[3] 陈荣华.大数据环境下图书馆信息化建设路径 [J].科技资讯, 2018, 16 (10): 35-36.

[4] 党黎.论图书馆资源管理的实践特性 [J].河南大学学报 (社会科学版), 2004, 44 (5): 173-175.

[5] 高洁.大数据环境下数字图书馆数据资源建设探究——基于国家科技数字图书馆的调查分析 [J].科技通报, 2018, 34 (8): 272-276.

[6] 郭晓瑞.图书馆资源建设过程中全面质量管理体系的应用研究 [J].图书馆论坛, 2012, 32 (2): 65-69, 28.

[7] 黄宗忠.图书馆学基础理论的再探讨 [J].图书馆论坛, 2006, 26 (6): 3-10.

[8] 纪长海.图书馆信息化建设初探 [J].现代情报, 2008, 28 (12): 51-52.

[9] 江云, 李凤兰.大数据在我国图书馆的应用及推进研究 [J].图书馆工作与研究, 2014 (6): 35-41.

[10] 江云.再论大数据在我国图书馆的应用及推进 [J].情报科学, 2015, 33 (10): 99-105.

[11] 李传云.论图书馆管理 [J].情报科学, 2001, 19 (6): 576-578.

[12] 李春海, 温东琰.图书馆: 逐步认知网络化 [J].情报杂志, 2002, 21 (7): 103-104.

[13] 李建平.论图书馆管理战略 [J].情报科学, 2003, 21 (12): 1259-1262.

[14] 李良艳, 陈俊霖, 孙杏花.现代图书馆管理理论研究 [M].北京: 中国商务出版社, 2019.

[15] 刘荻, 陈长英, 刘勤.现代图书馆资源管理与推广 [M].北京: 光明日报出版社, 2017.

[16] 刘金哲.大数据在图书馆中落地的现状、困境和对策 [J].图书馆理论与实践, 2020 (3): 1-4.

[17] 鲁欣.论图书馆信息化建设的重点及风险规避 [J].图书馆建设, 2008 (5): 19-22.

[18] 孟雪梅.略论图书馆人力资源的管理 [J].图书与情报, 2001 (2): 72-74.

［19］曲苕.大数据环境下图书馆读者服务的开展及优化［J］.中文信息，2019（1）：46.

［20］阮孟禹.图书馆特色资源的科学内涵及其建设［J］.中共福建省委党校学报，2007（6）：92-94.

［21］邵婷婷.浅谈大数据信息化环境下图书馆服务工作［J］.赤子，2018（20）：170.

［22］史继红，孟雪梅.图书馆资源管理科学化［J］.情报科学，2001，19（7）：688-691.

［23］谭静.图书馆资源建设的全面质量管理［J］.交通高教研究，2003（2）：91-93.

［24］王晶.图书馆人力资源管理［J］.情报资料工作，2003（2）：69，75.

［25］王振鹄.现代图书馆的概念与认知［J］.图书馆学研究，2003（4）：5-6.

［26］吴慰慈.图书馆学基础理论研究的走向［J］.图书馆，2008（1）：1，6.

［27］熊太纯.图书馆信息资源的内涵管理［J］.现代情报，2006，26（9）：93-94.

［28］于春艳.对图书馆信息化建设的思考［J］.现代情报，2006，26（1）：72-73，76.

［29］张伟华.大数据环境下图书馆信息化建设路径探索［J］.善天下，2020（6）：281.

［30］张艳梅.现代图书馆资源管理与推广存在的问题与策略研究——评《现代图书馆资源管理与推广》［J］.图书馆工作与研究，2018（1）：94-96.

［31］周欣娟，陈臣.图书馆信息化建设［M］.成都：电子科技大学出版社，2008.

［32］祝森生.大数据时代的数字图书馆信息服务［J］.兰台世界，2015（32）：66-67.